Arnold Wohler

Drei Trios
... in unterschiedlichen Besetzungen

Bibliografische Informationen der Deutschen Nationalbibliothek:
Die Deutsche Nationalbibliothek verzeichnet die Publikation
in der Deutschen Nationalbibliografie; detaillierte bibliografische
Daten sind im Internet über dnb.d.b.da abrufbar.

Herstellung und Verlagh: BoD - Book an Demands, Norderstedt

ISBN: 9783756204731

Drei Trios:

Zwei der vorliegenden Trios schließen an die Ästhetik
der klassischen Moderne an, nämlich das Trio für Flöte,
Violine und Klavier und das Trio für Oboe, Violoncello
und Klavier. Diese beiden Stücke sind im Hinblick
auf die technischen Anforderungen an die Spieler als
mittelschwer einzuordnen.
Die fünf Stücke für 2 Violinen und Klavier sind hingegen
tonal-traditionell gesetzt und charakterlich als
"Spielstücke für Anfänger" konzipiert.

Inhalt: Seite:

Trio für Flöte, Geige und Klavier

I. Lento espressivo

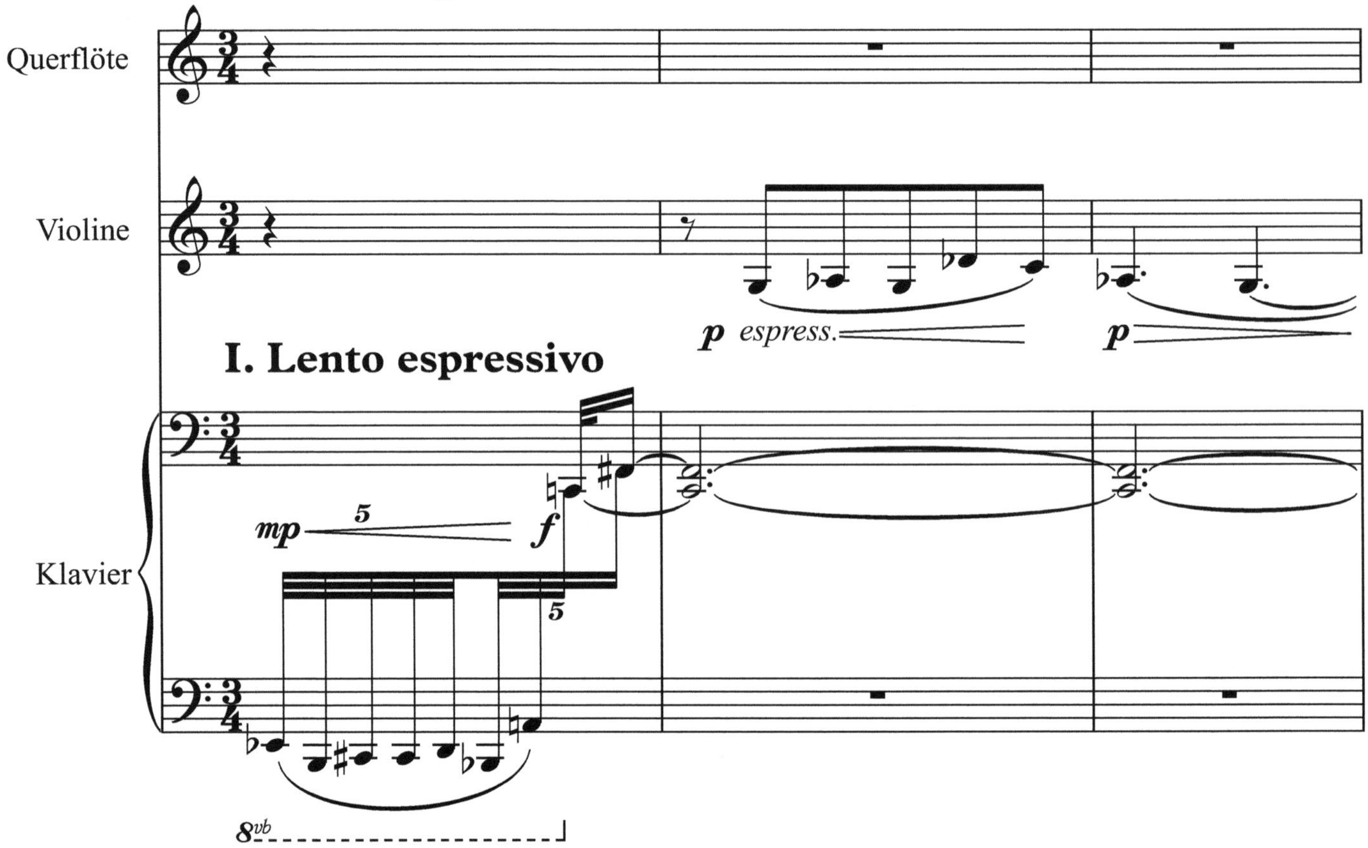

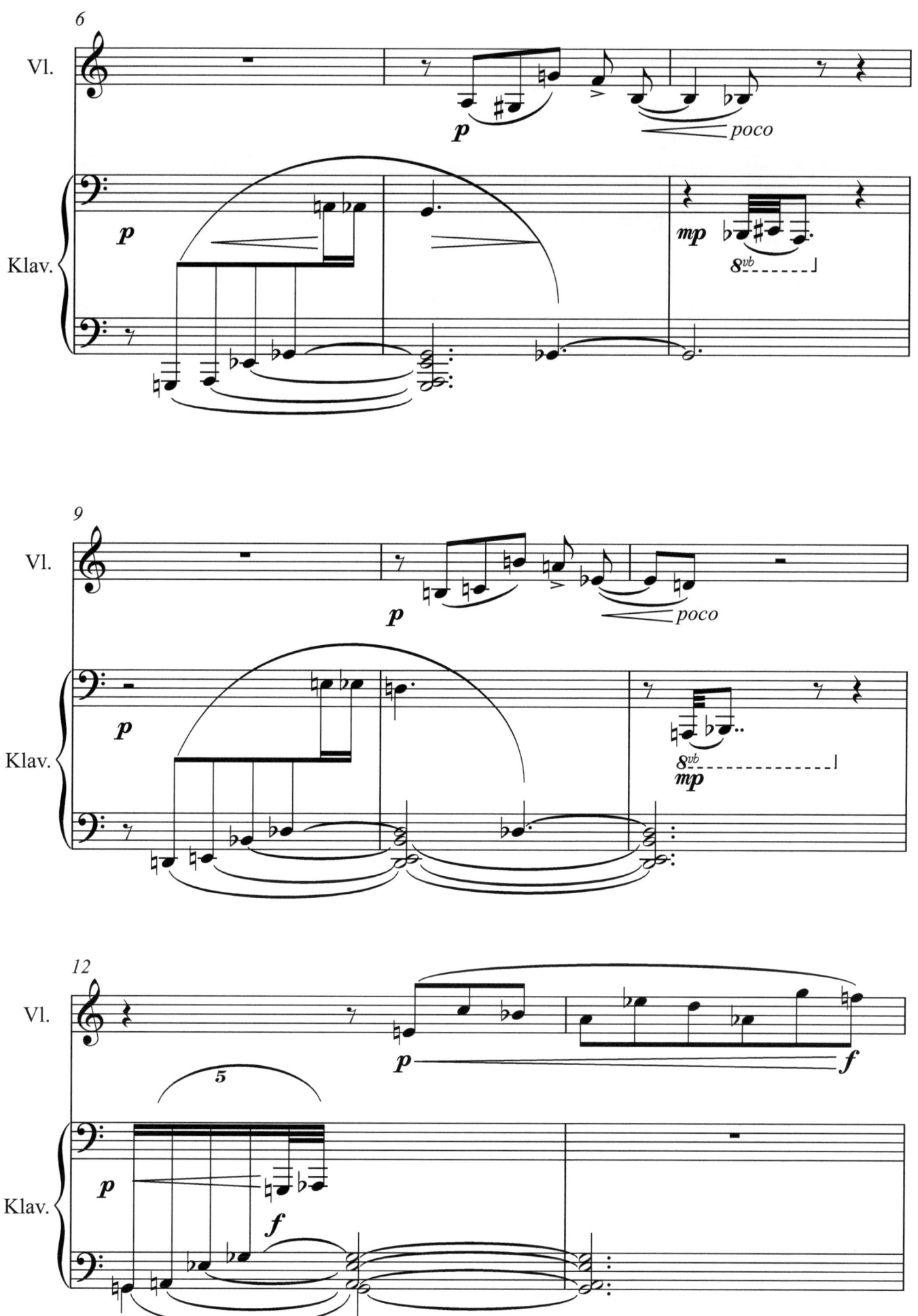

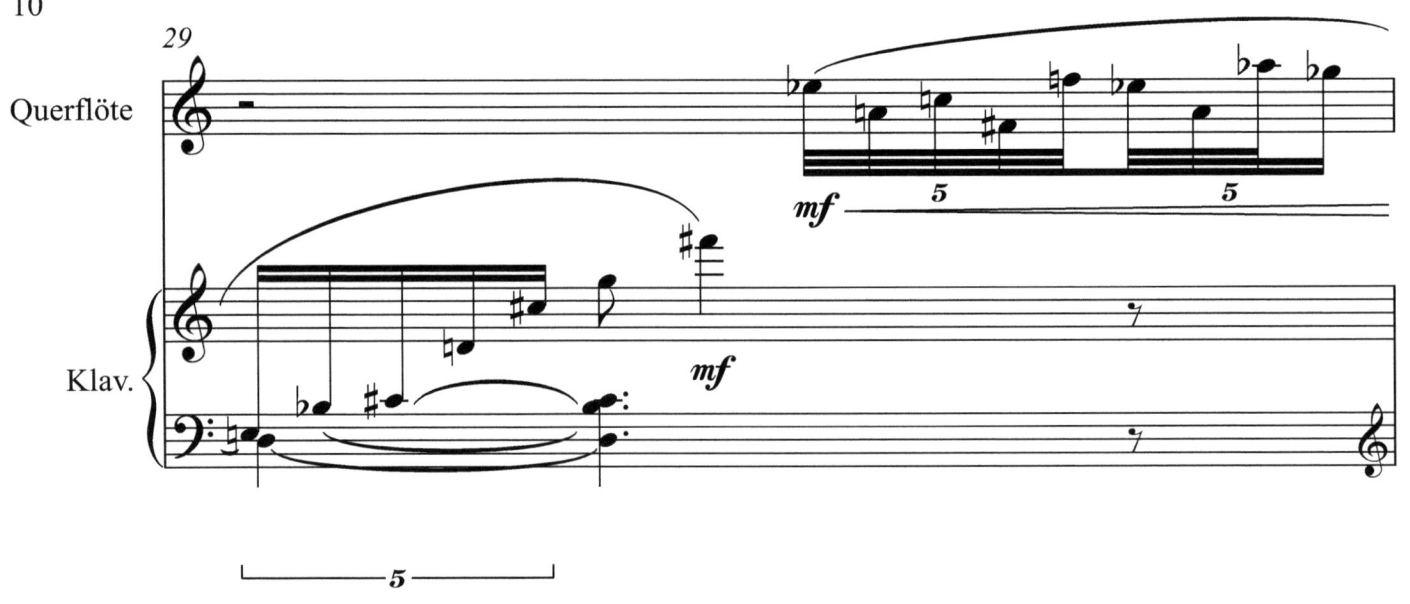

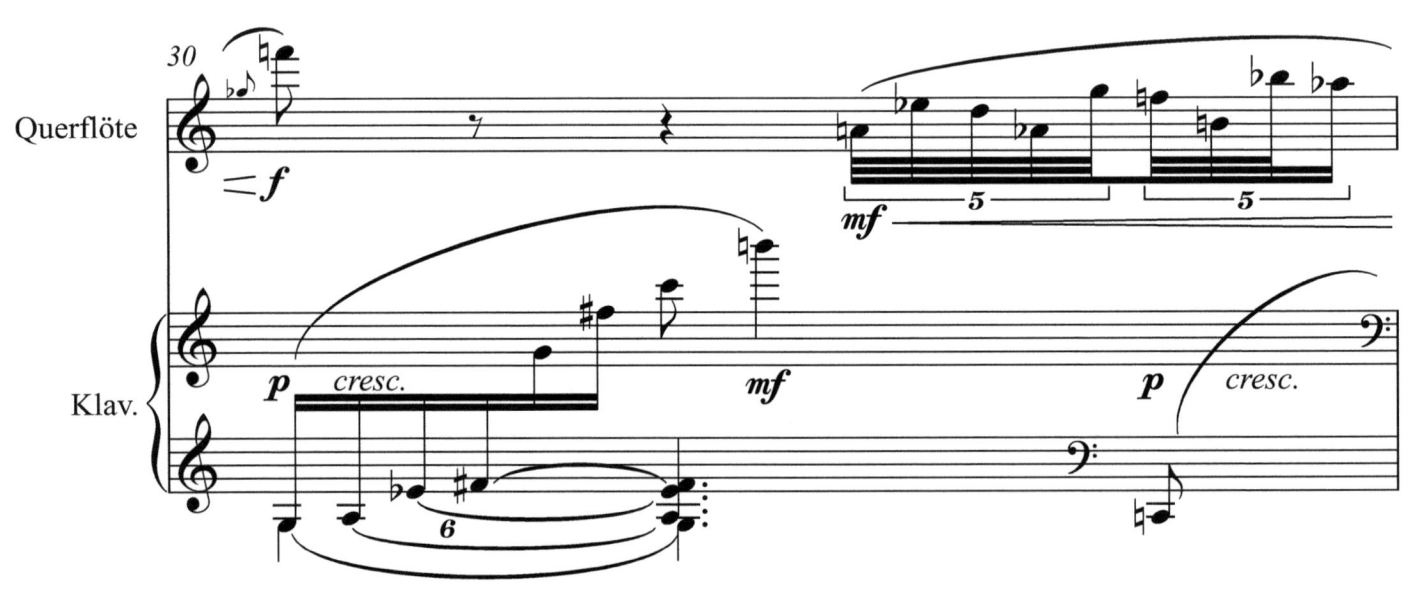

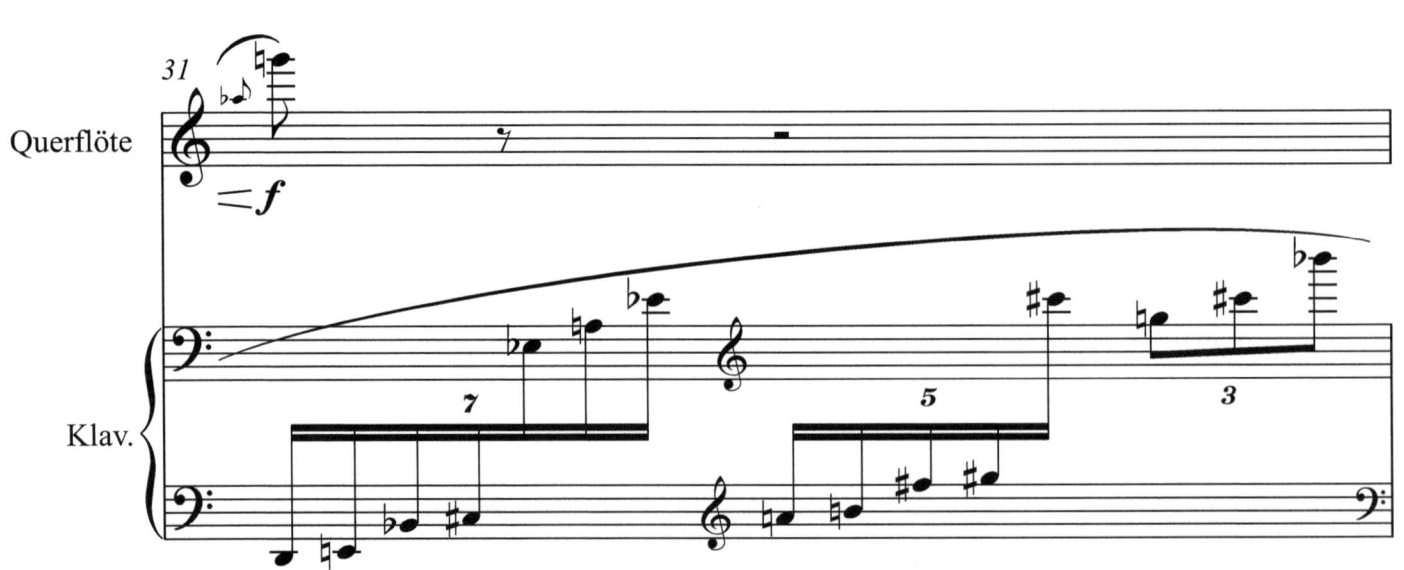

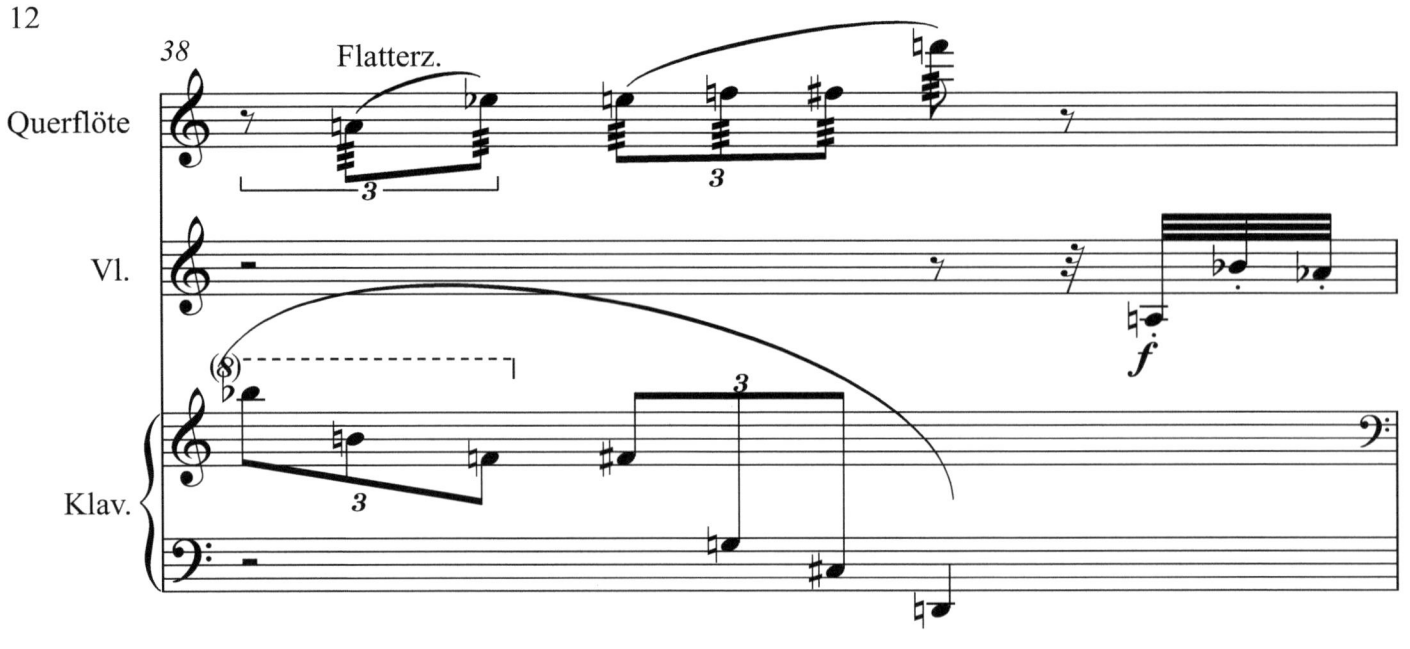

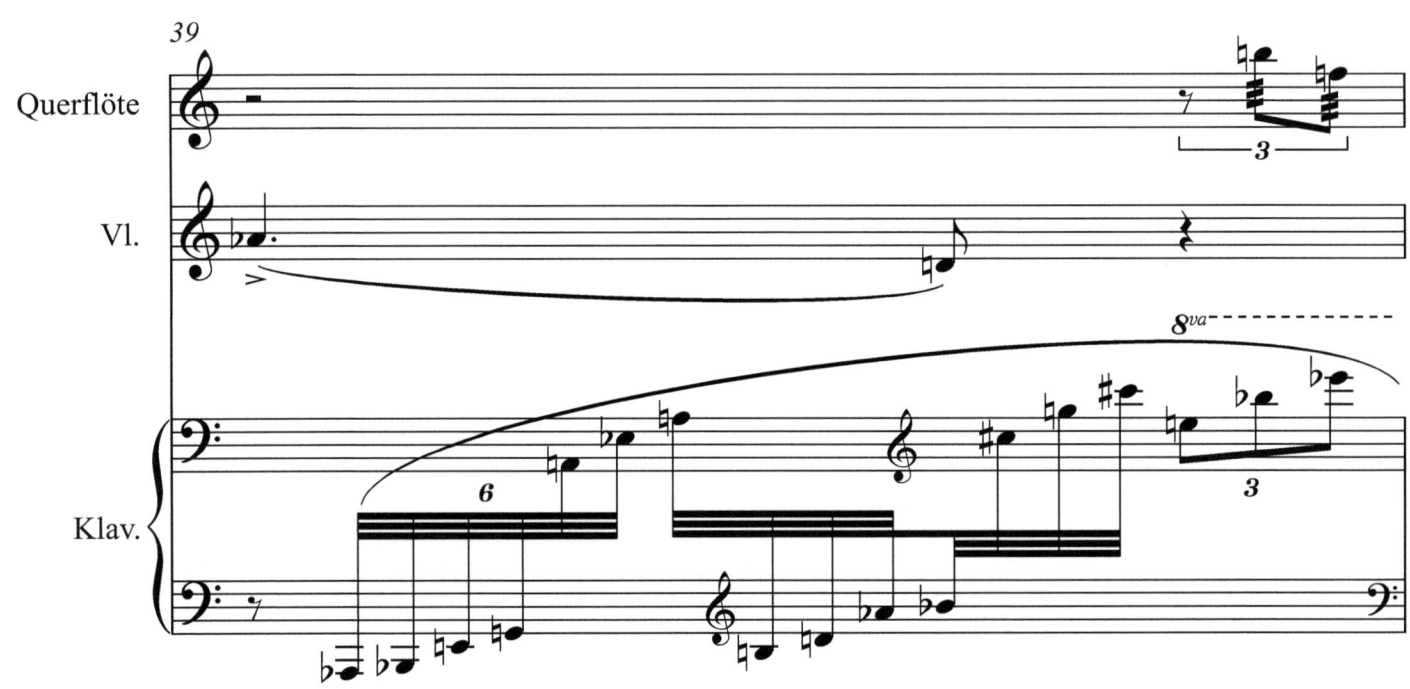

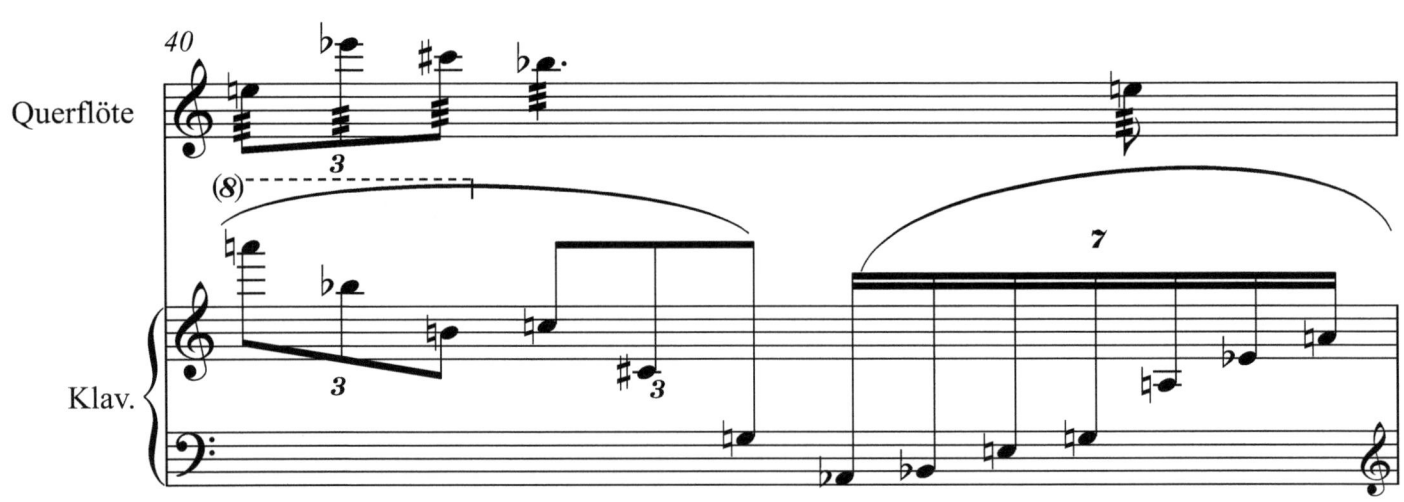

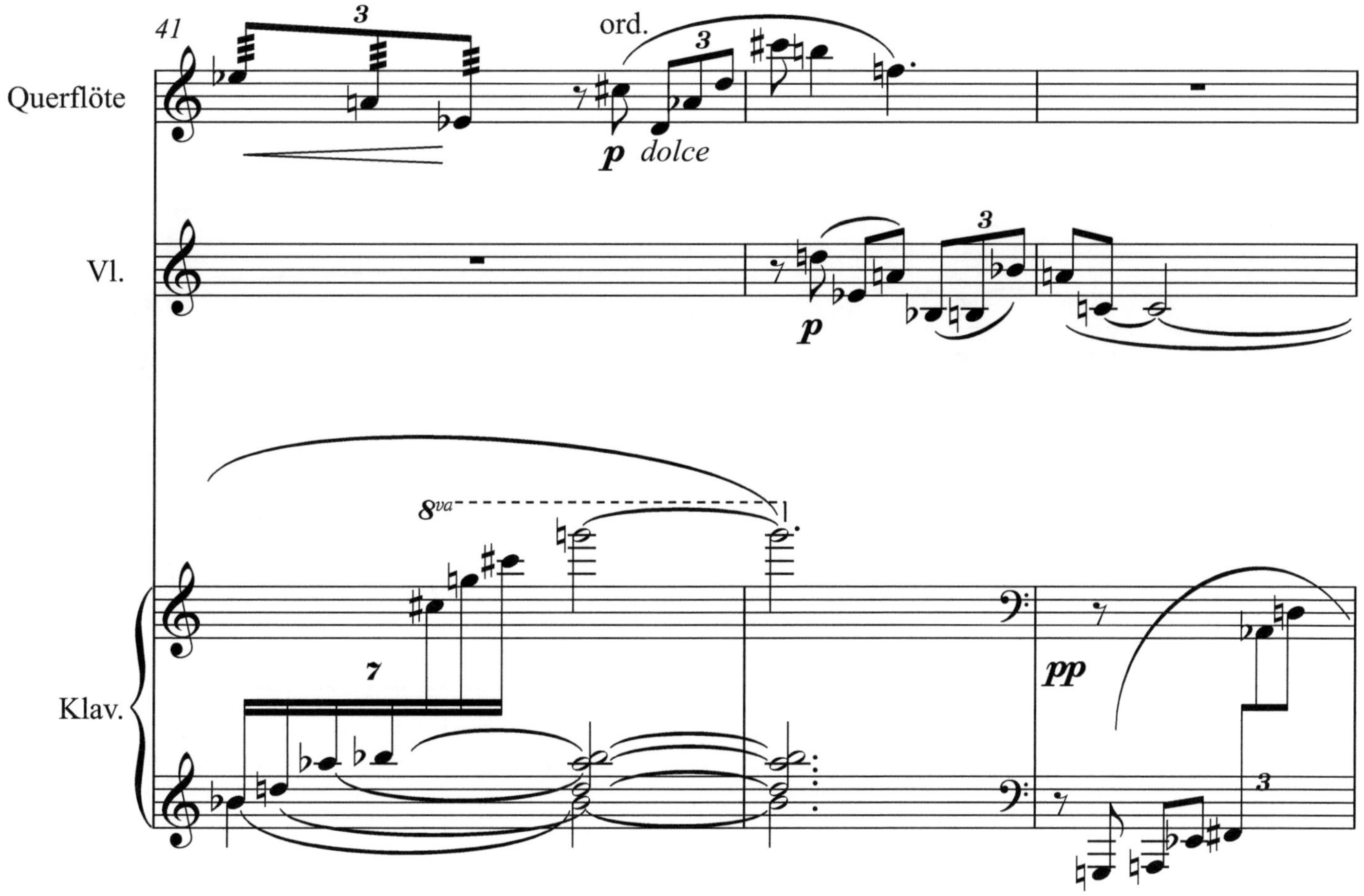
41
Querflöte
Vl.
Klav.
ord.
p dolce
p
pp
8va
3
7

44
Vl.
Klav.
molto
ff

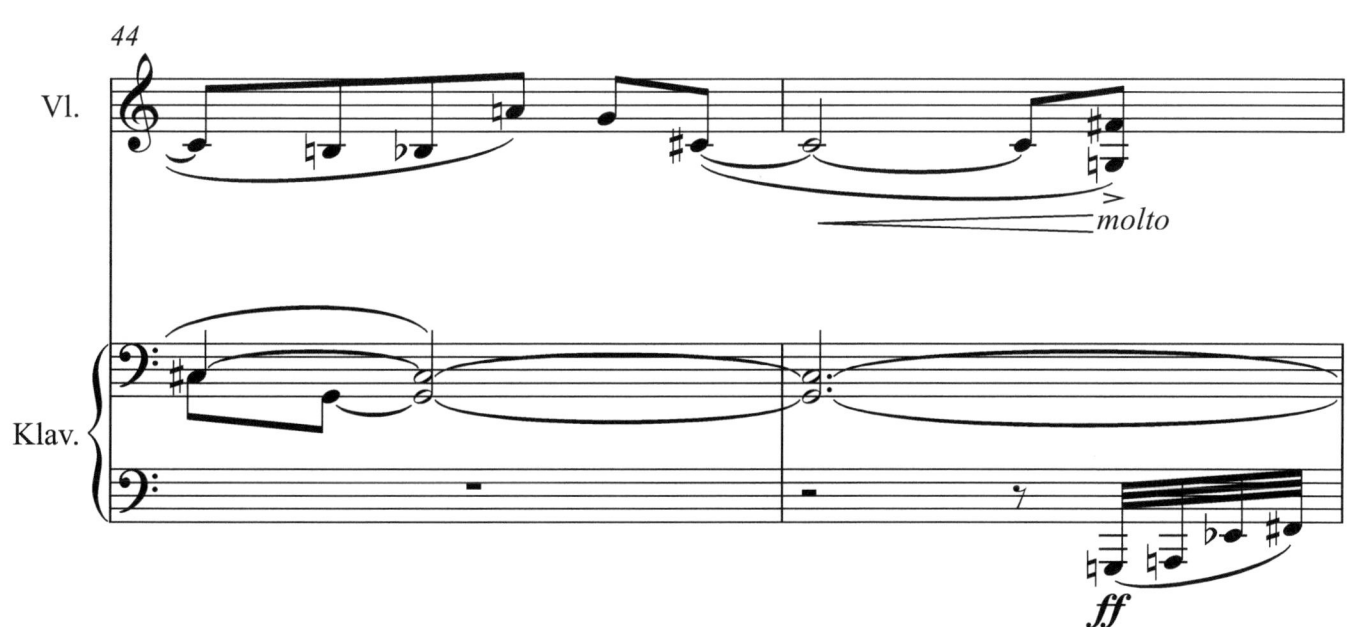

46
Querflöte
Vl.
Klav.
p
3
3
8va
pp
p
pp
ff
13
8vb
8vb

49
(8)
Querflöte
Vl.
Klav.
(8)
pp
(8)

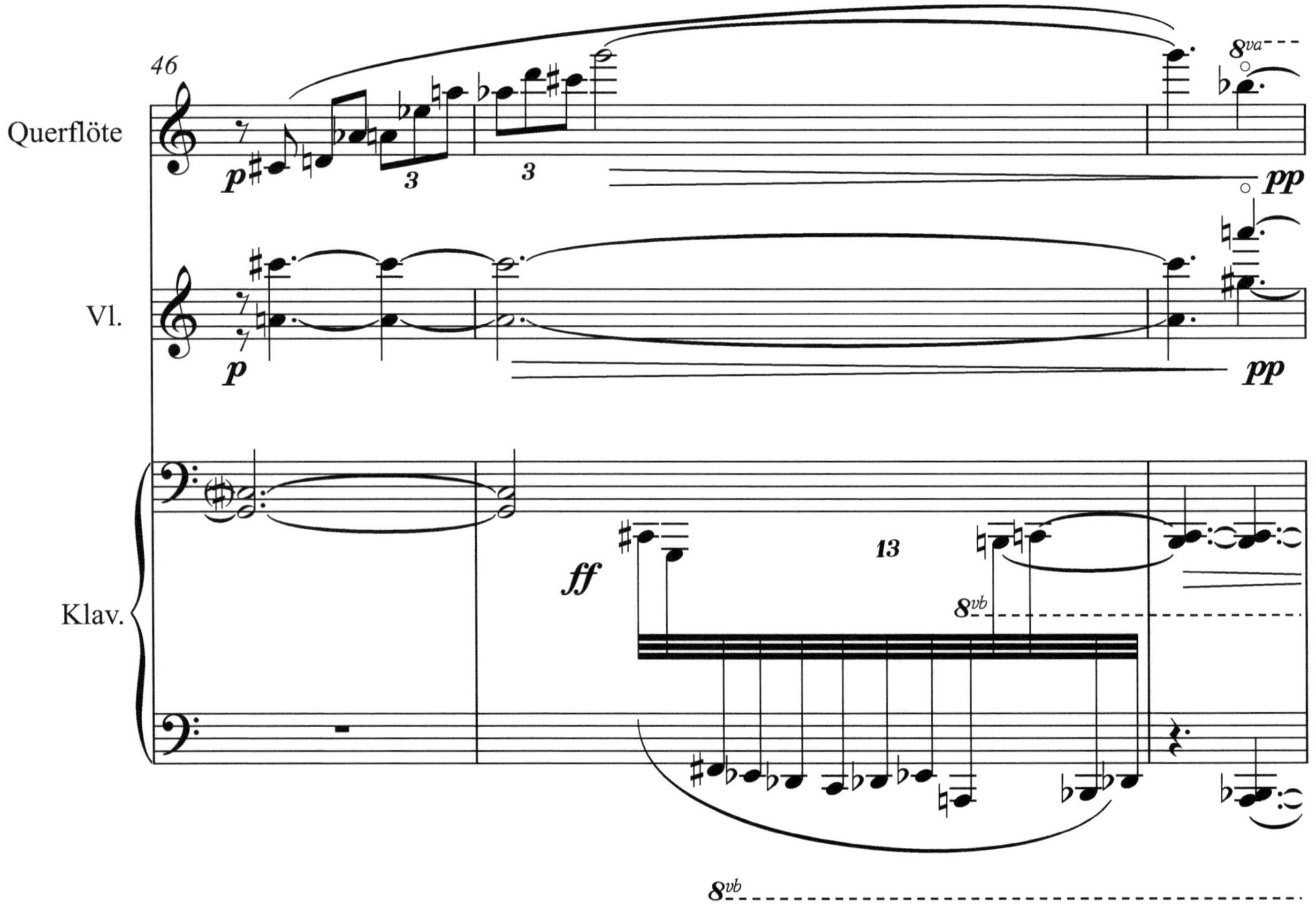

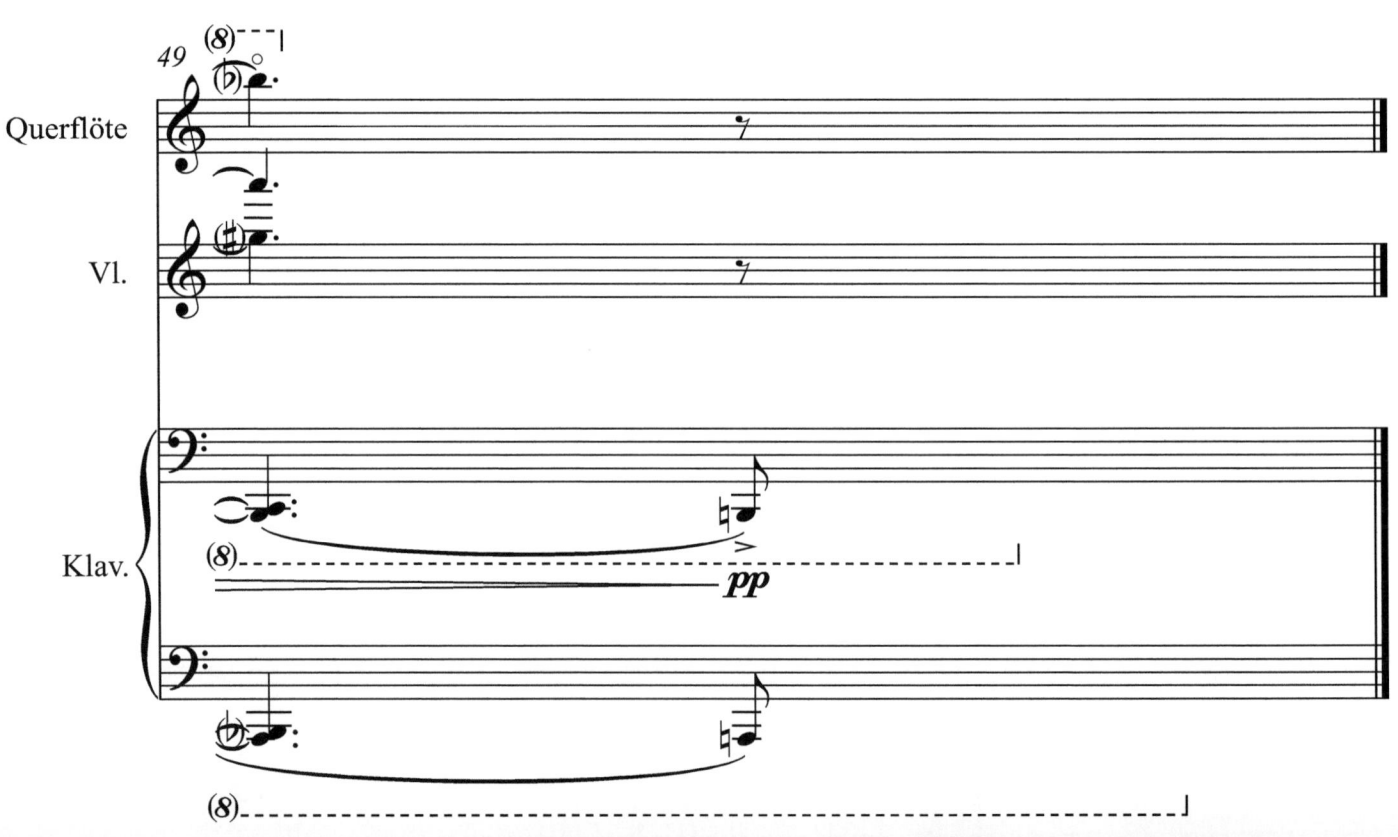

II. Andante tranquillo

16

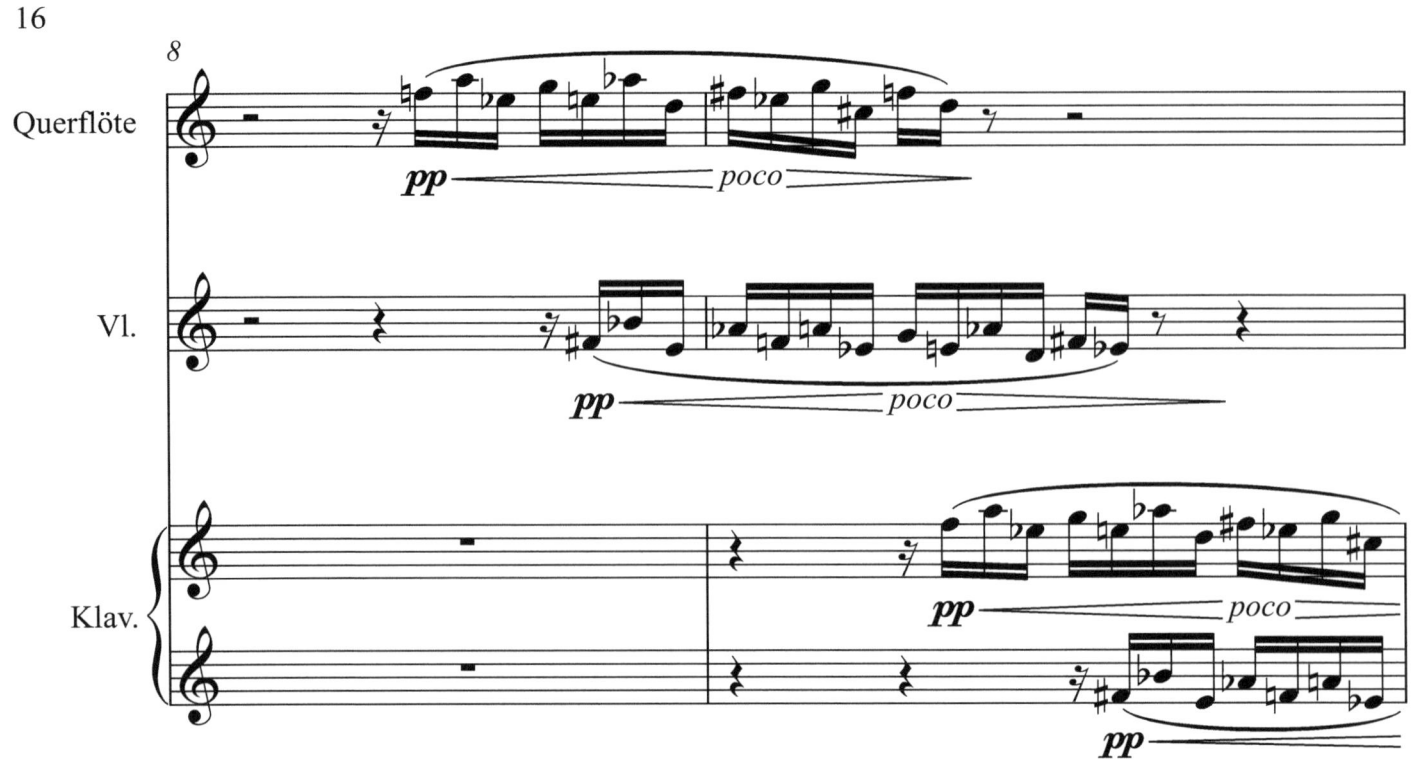

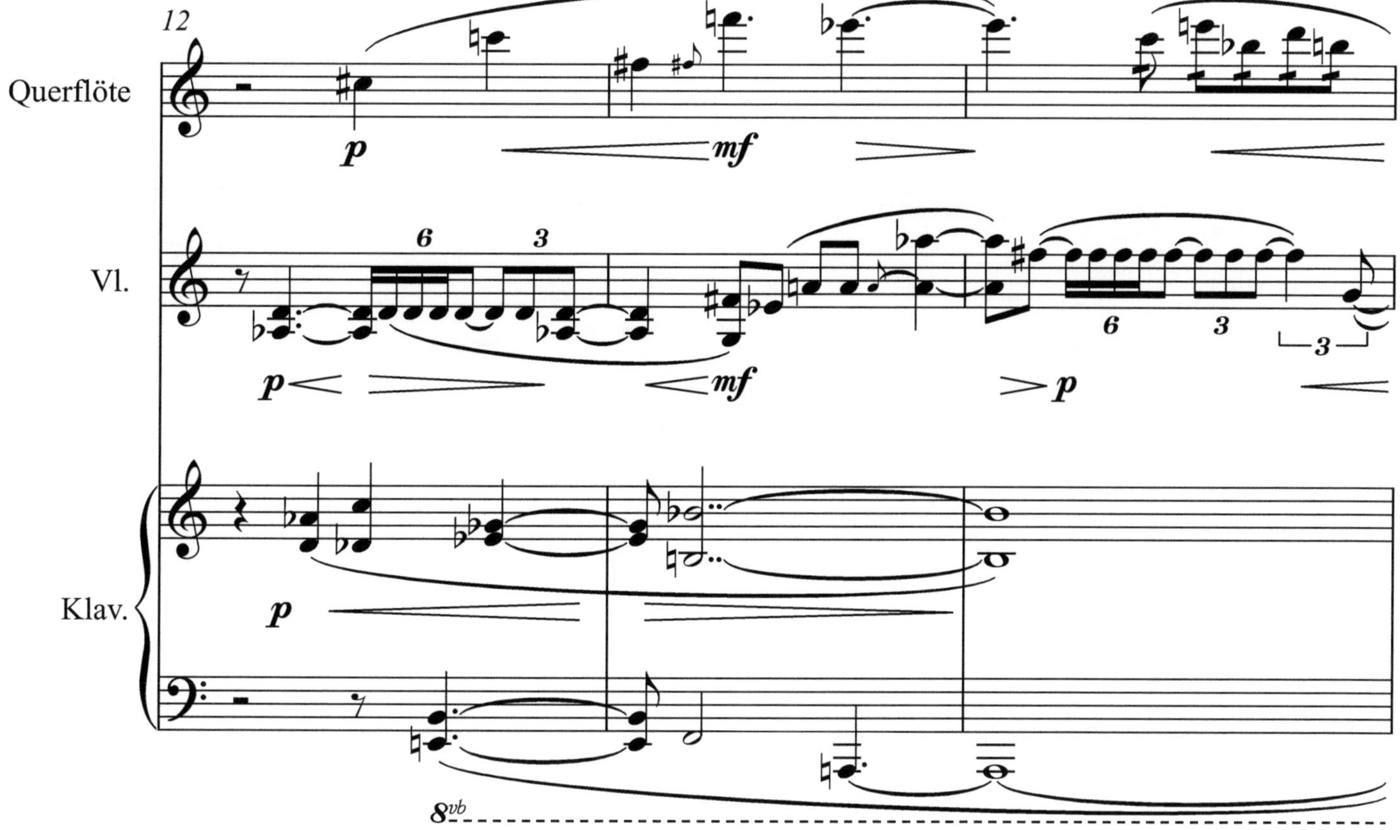
12
Querflöte
Vl.
Klav.
p
mf
6
3
8vb

15
Querflöte
Vl.
Klav.
poco
p
sf
pp
6
3
5
(8)
8vb

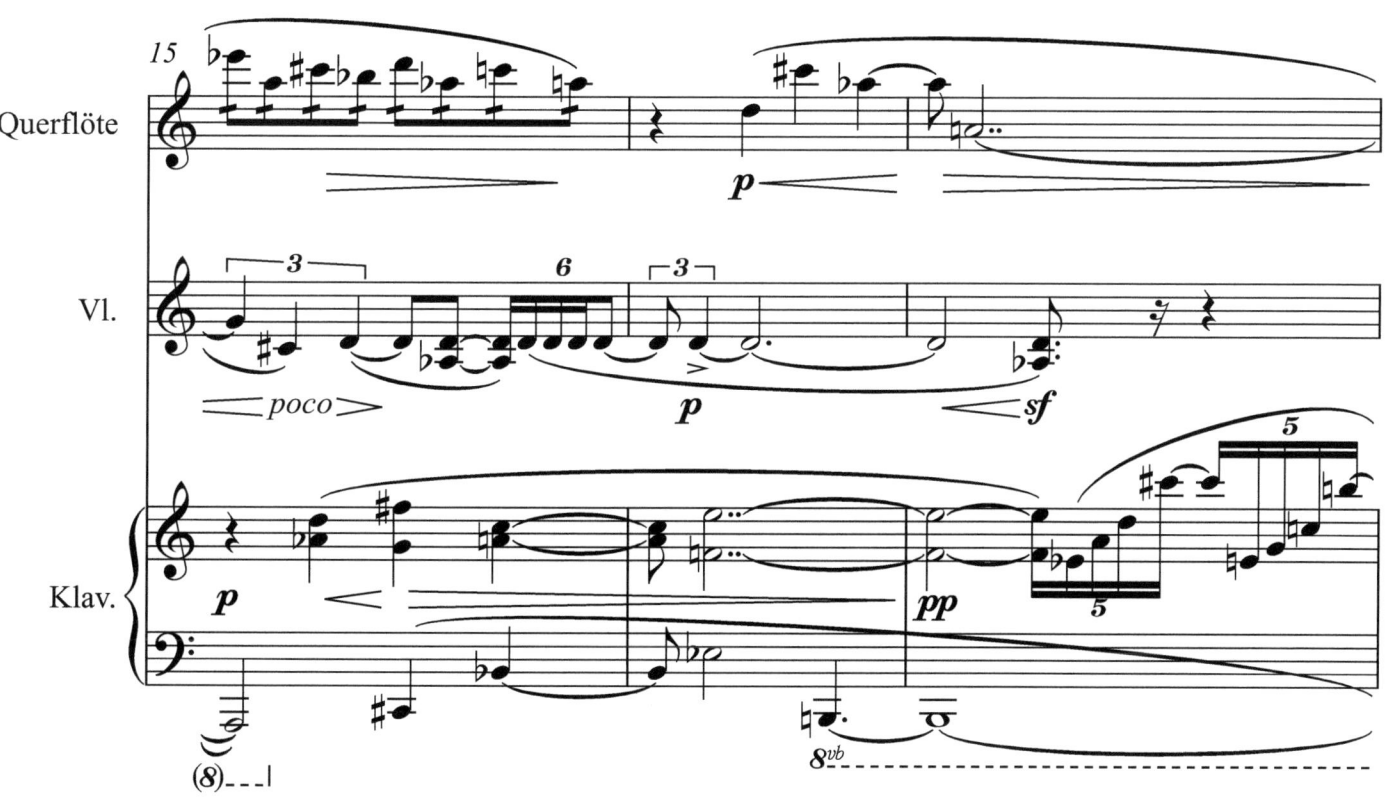

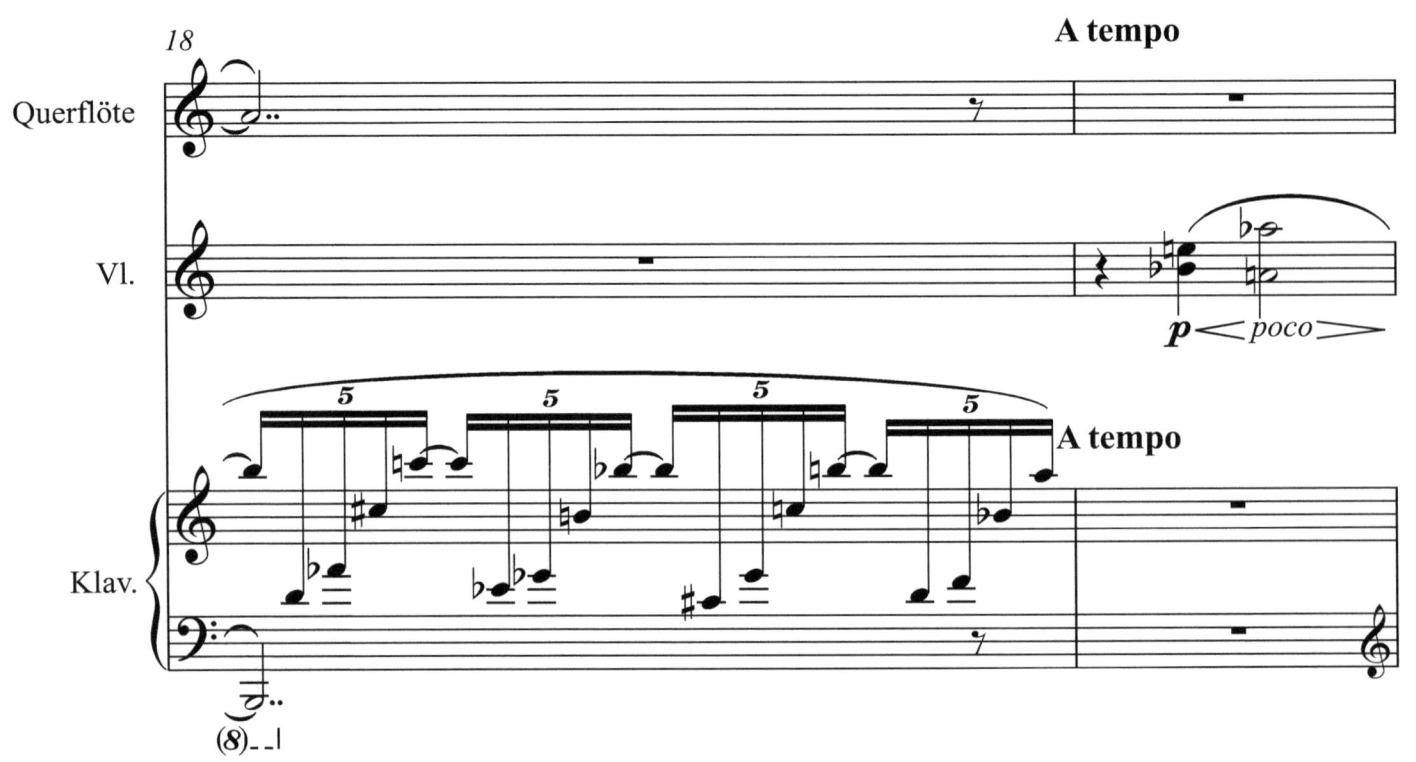

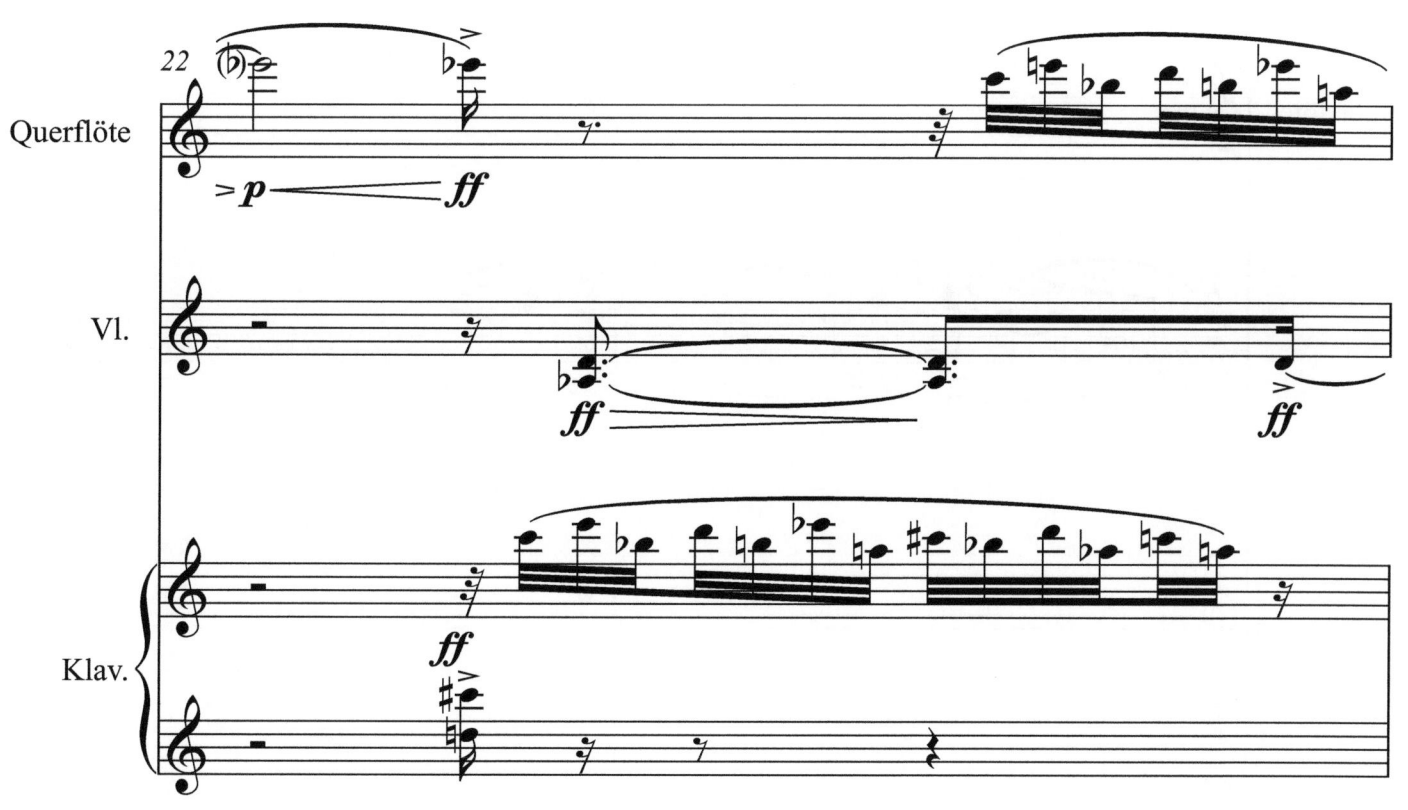

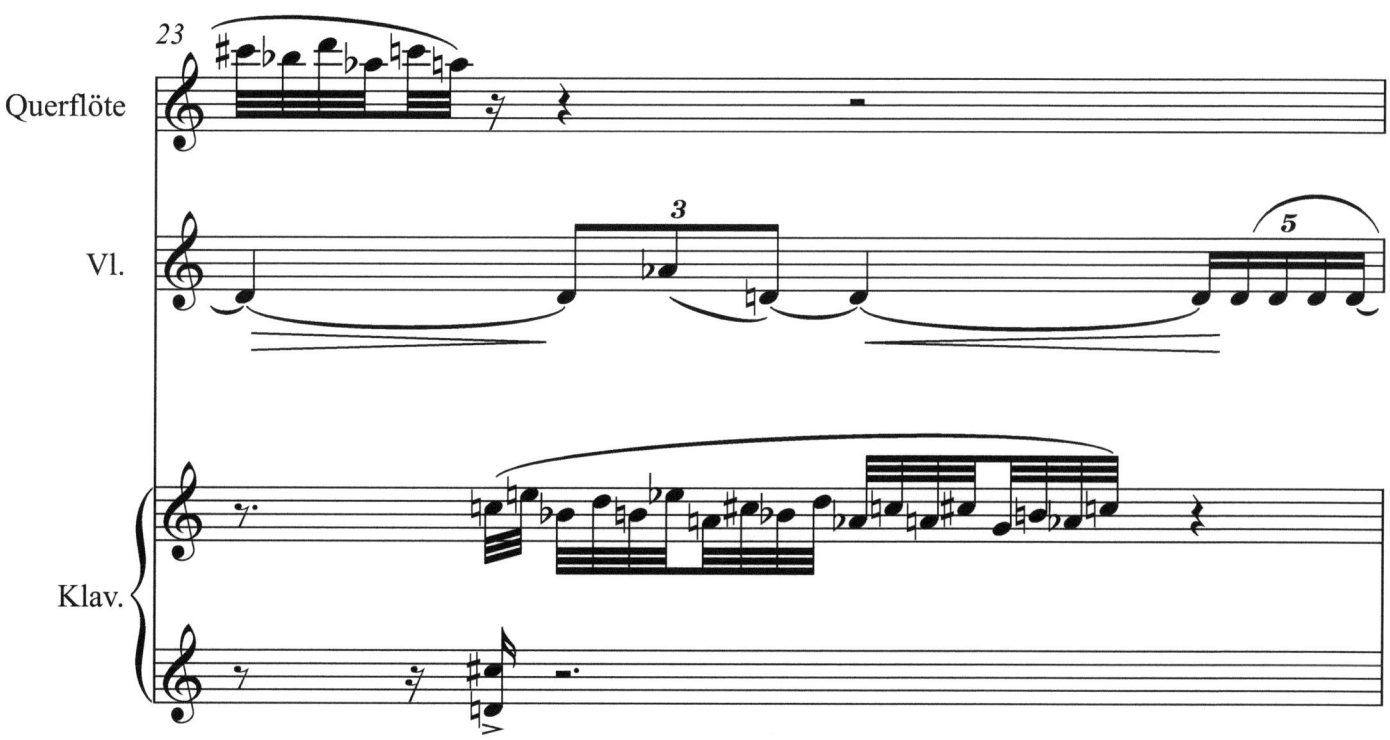

24
Querflöte
p
Vl.
3
p
8va
Klav.

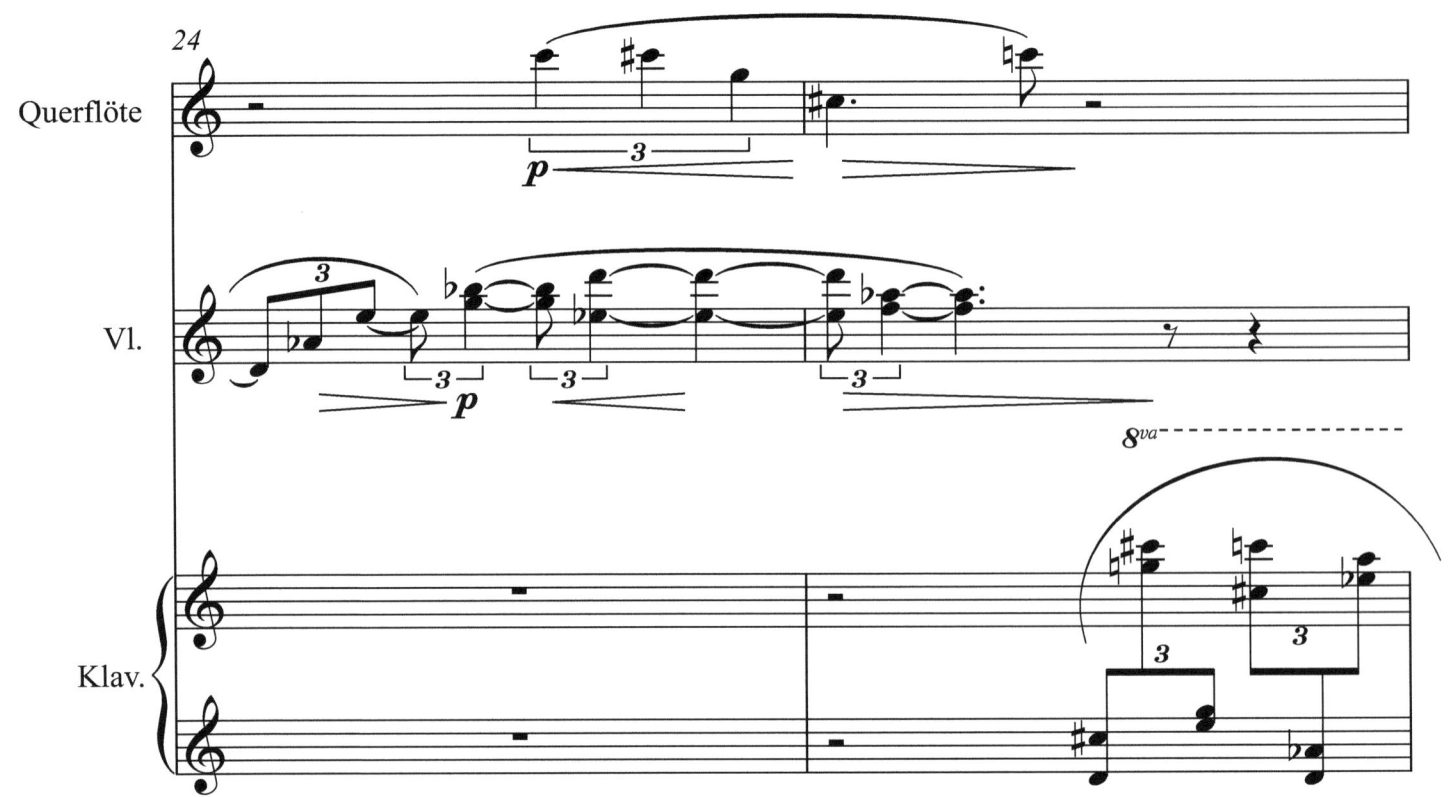

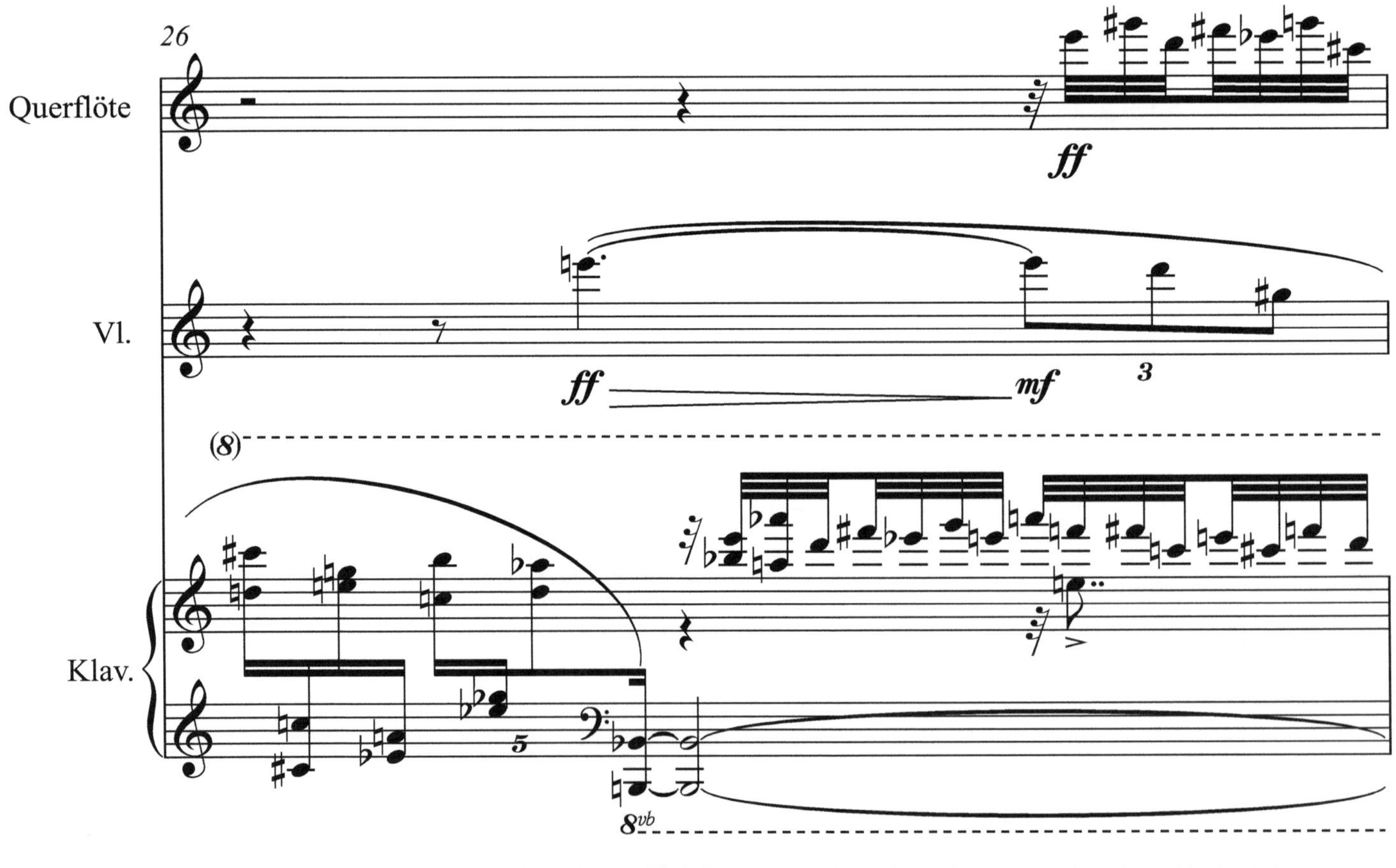
26
Querflöte
ff
Vl.
ff
mf
3
(8)
Klav.
5
8vb

27
Querflöte
Vl.
(8)
Klav.
(8)
Leicht bewegt
28
Querflöte
p
pp
Vl.
p
pp
Leicht bewegt
Klav.
pp
mf
8vb

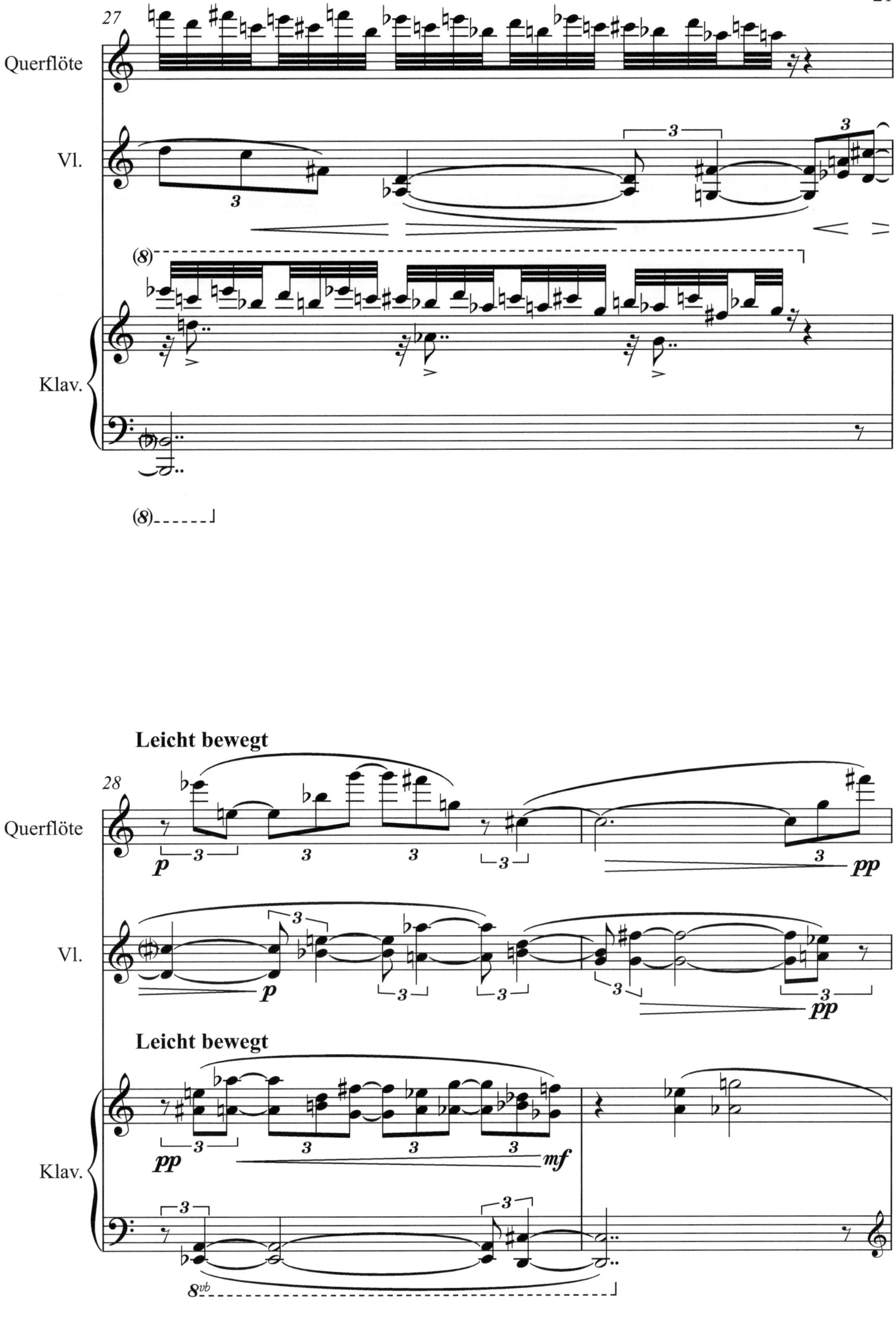

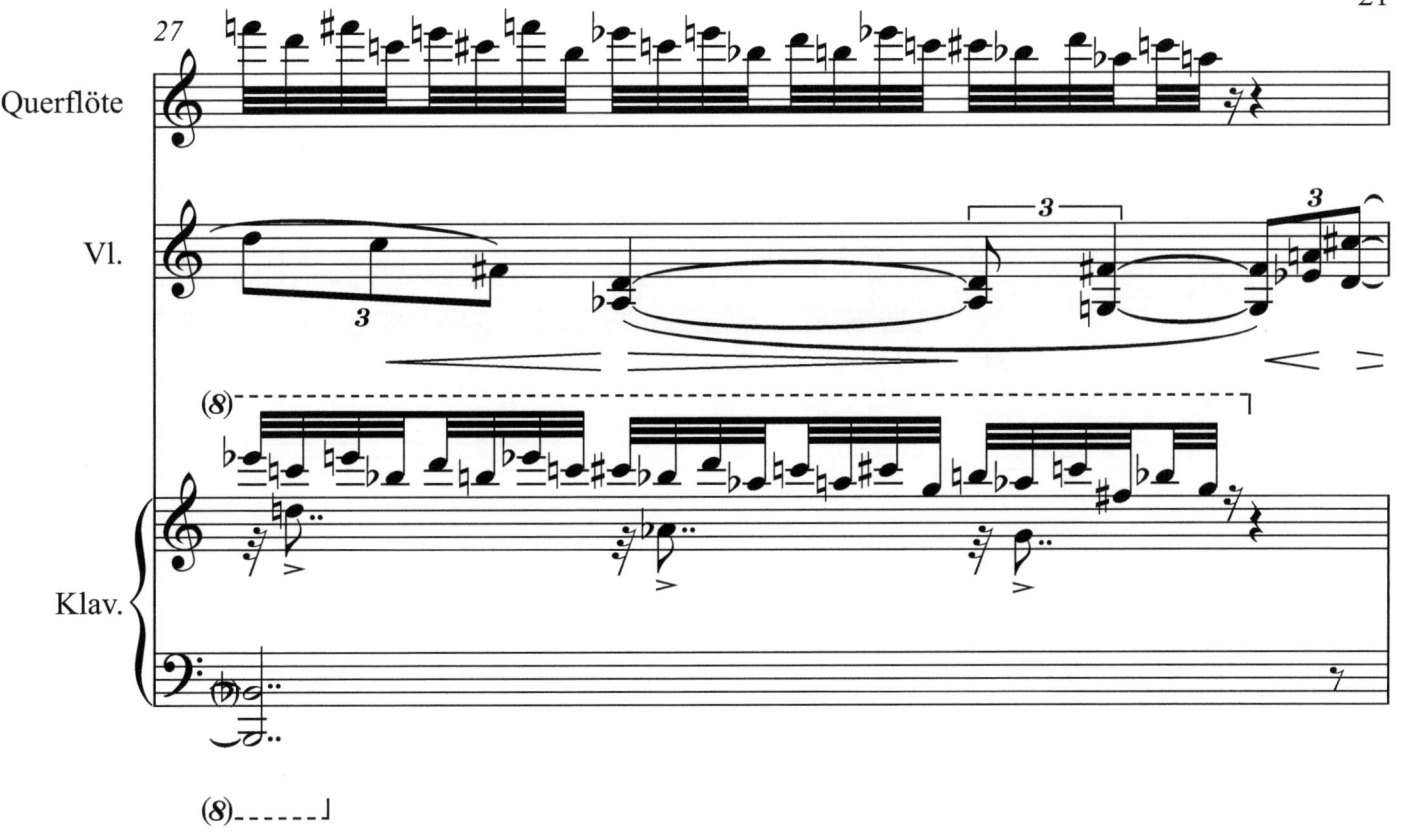

22

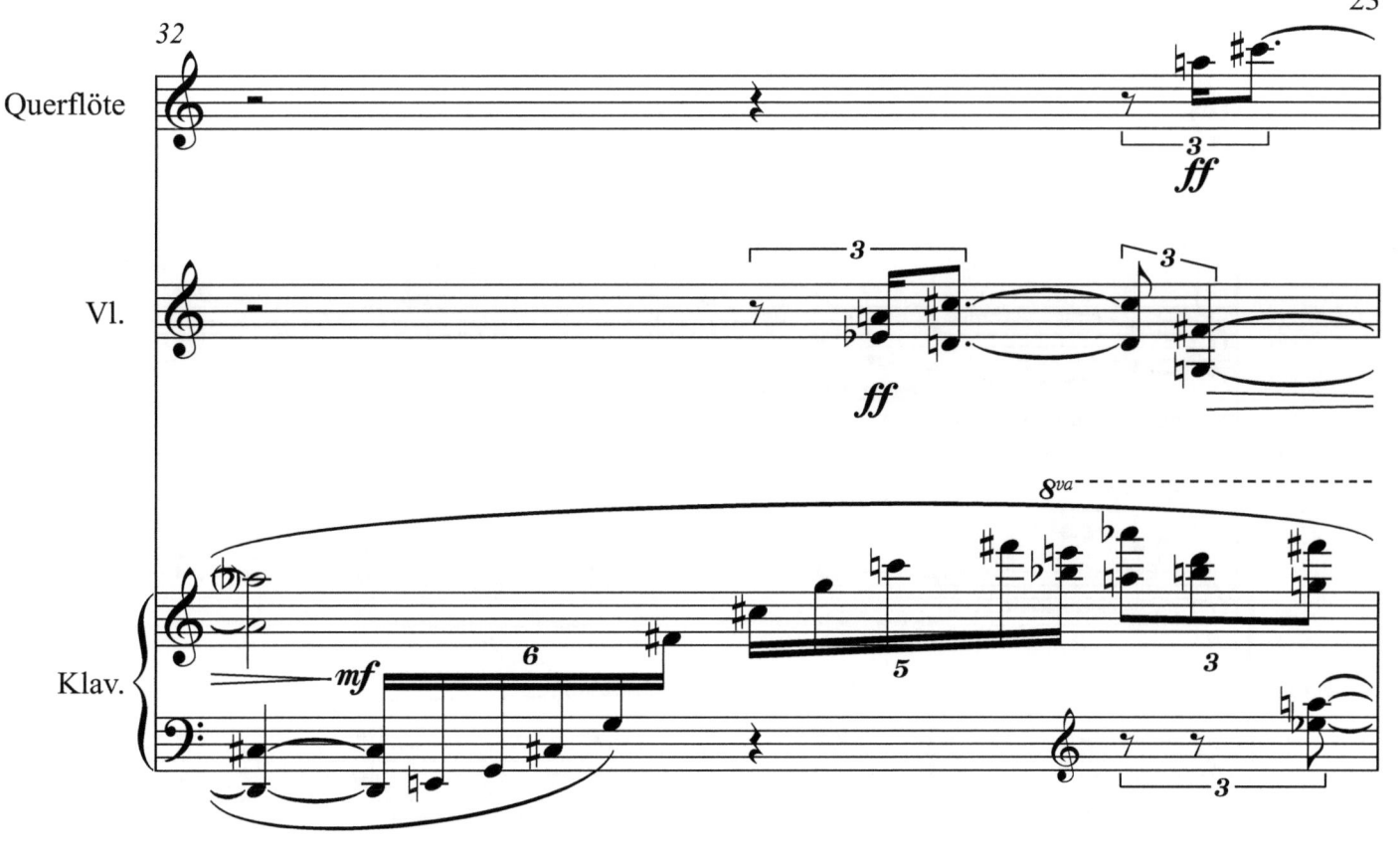

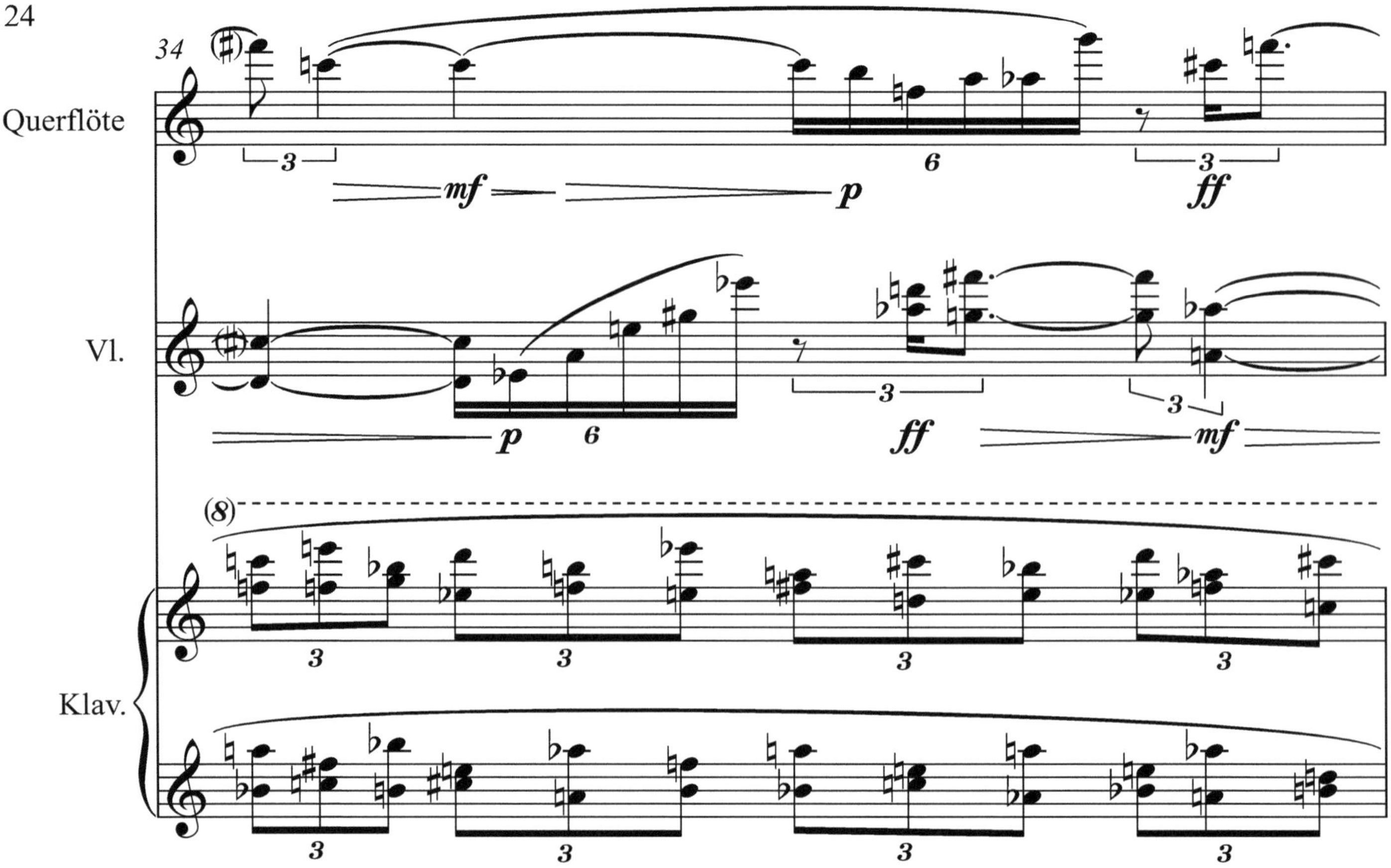
34
Querflöte
mf
p
ff
Vl.
p
ff
mf
(8)
Klav.

35
Querflöte
mf
p
Vl.
p
(8)
ff
Klav.

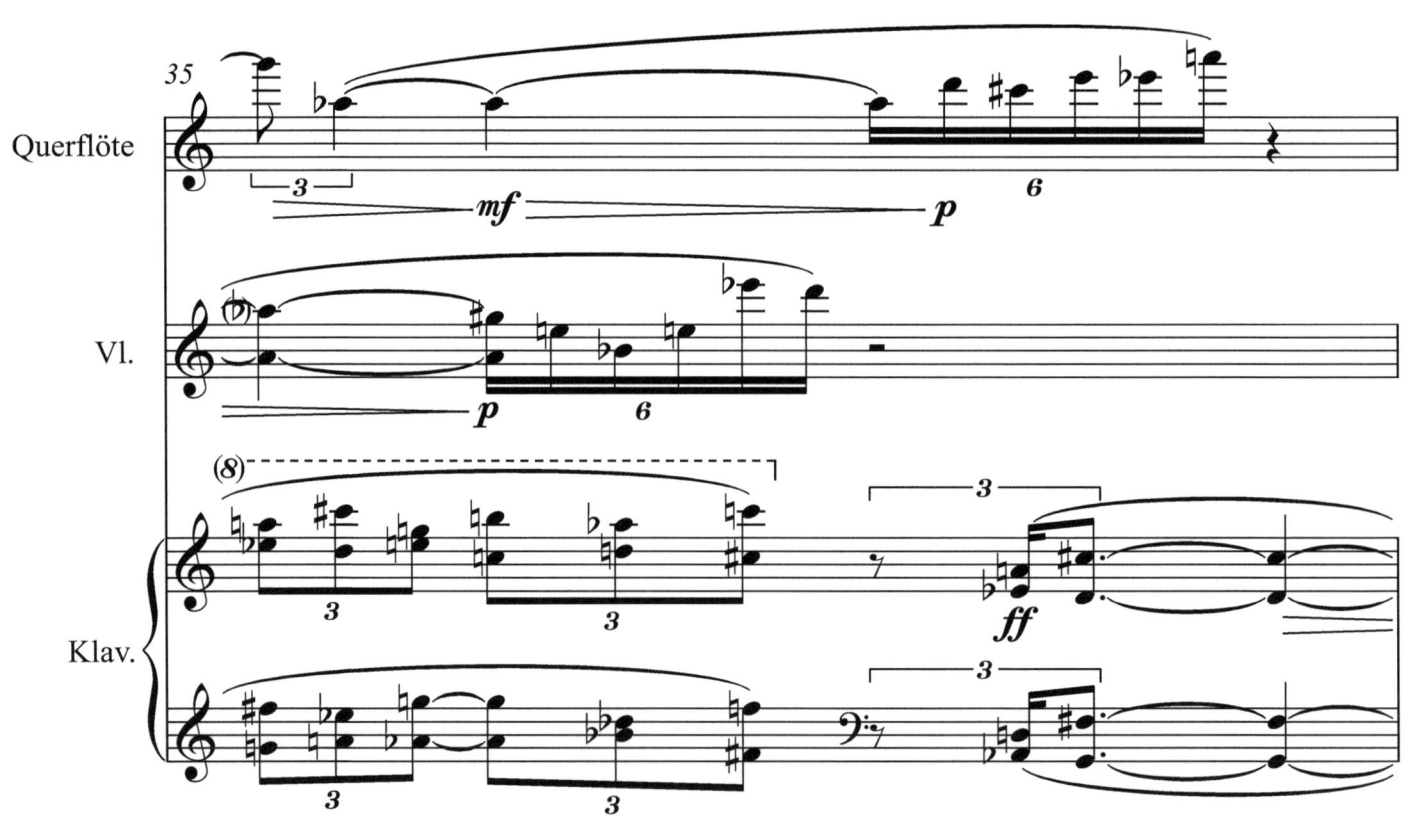

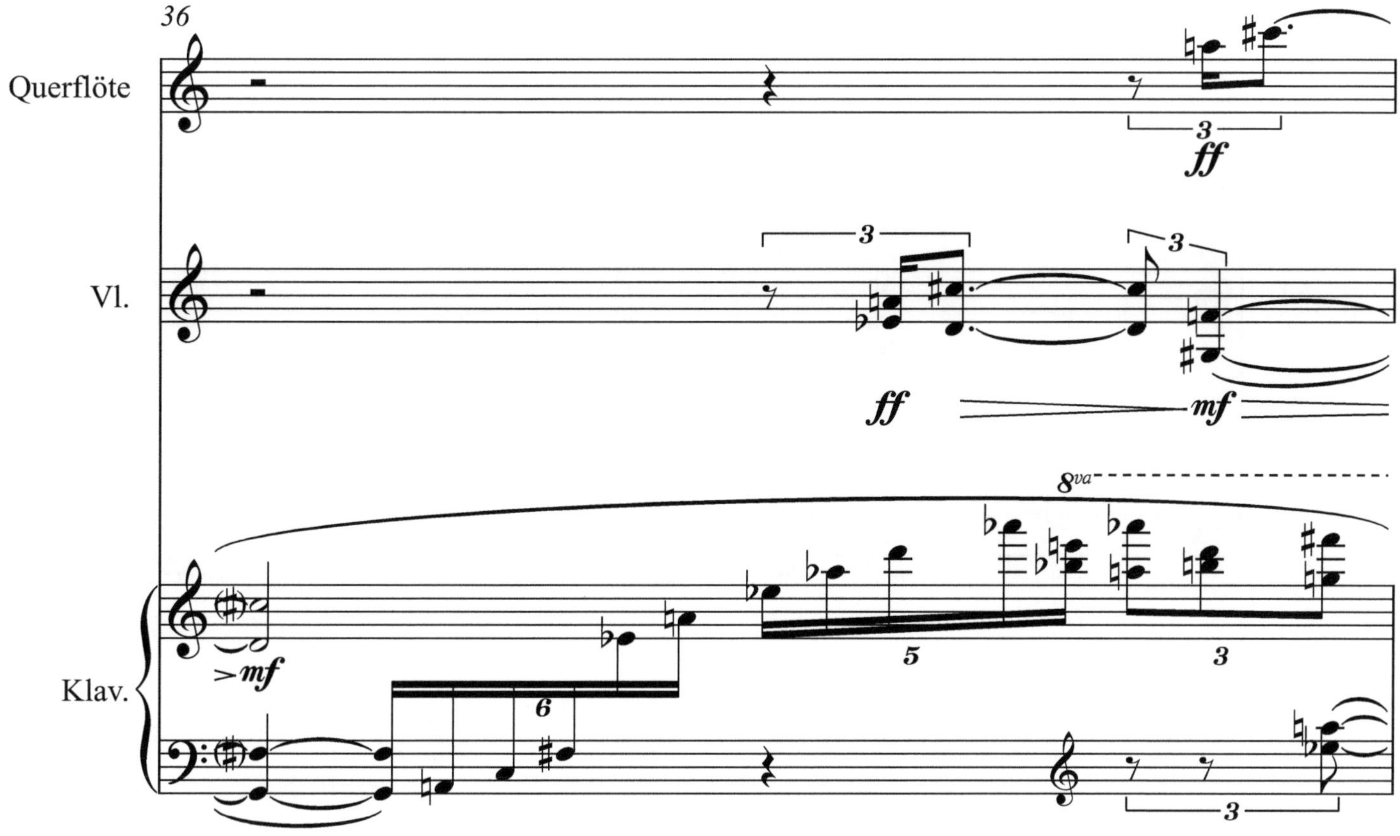
36
Querflöte
3
ff
Vl.
3
3
ff
mf
8va
Klav.
mf
5
3
6
3

37
Querflöte
3
mf
p
6
Vl.
6
p
(8)
Klav.
3
3
3
3
p
3
3
3
3

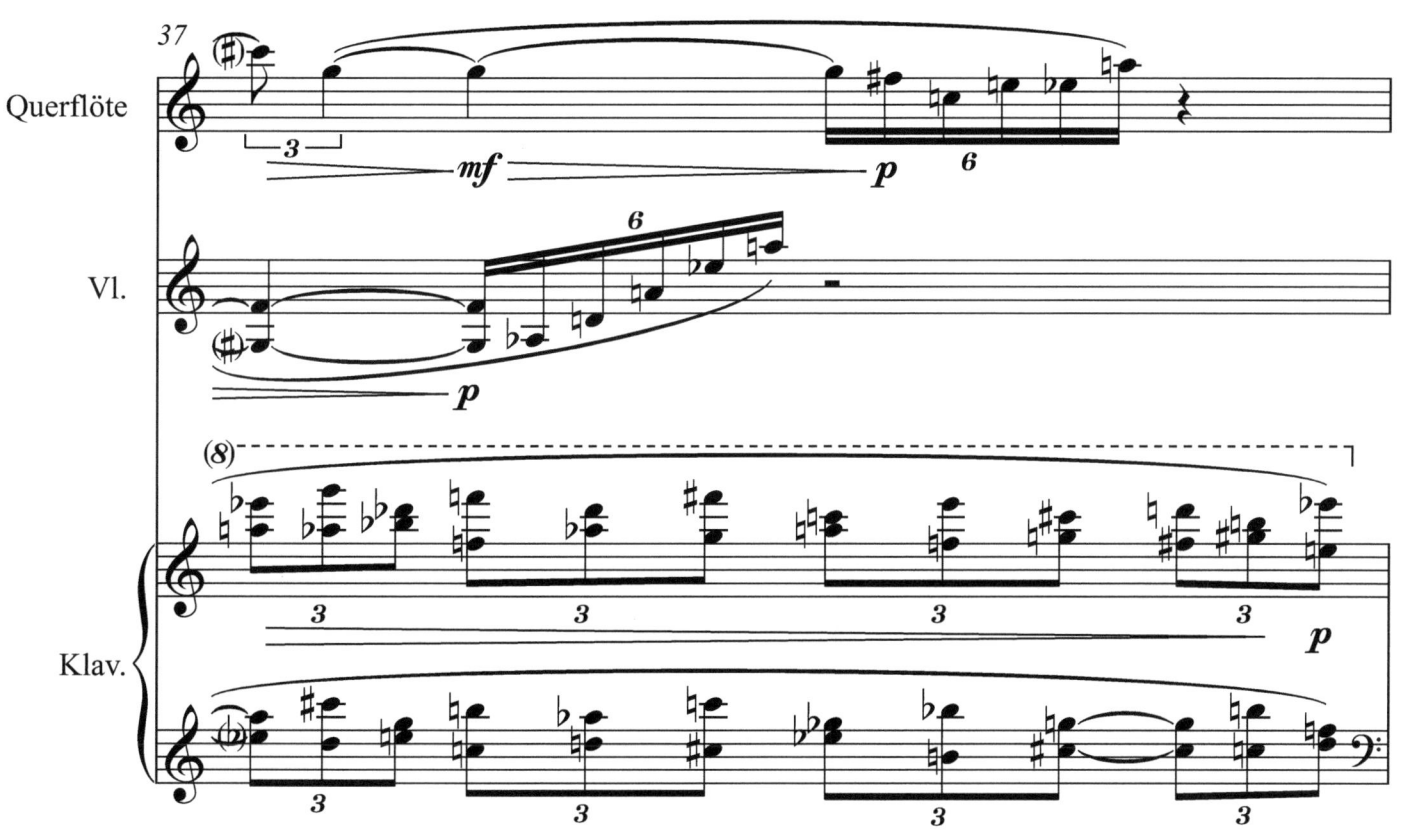

38
Querflöte
Vl.
Klav.
ff
mf
p
8va
3
5
6

40
Querflöte
Vl.
Klav.
pp
(8)

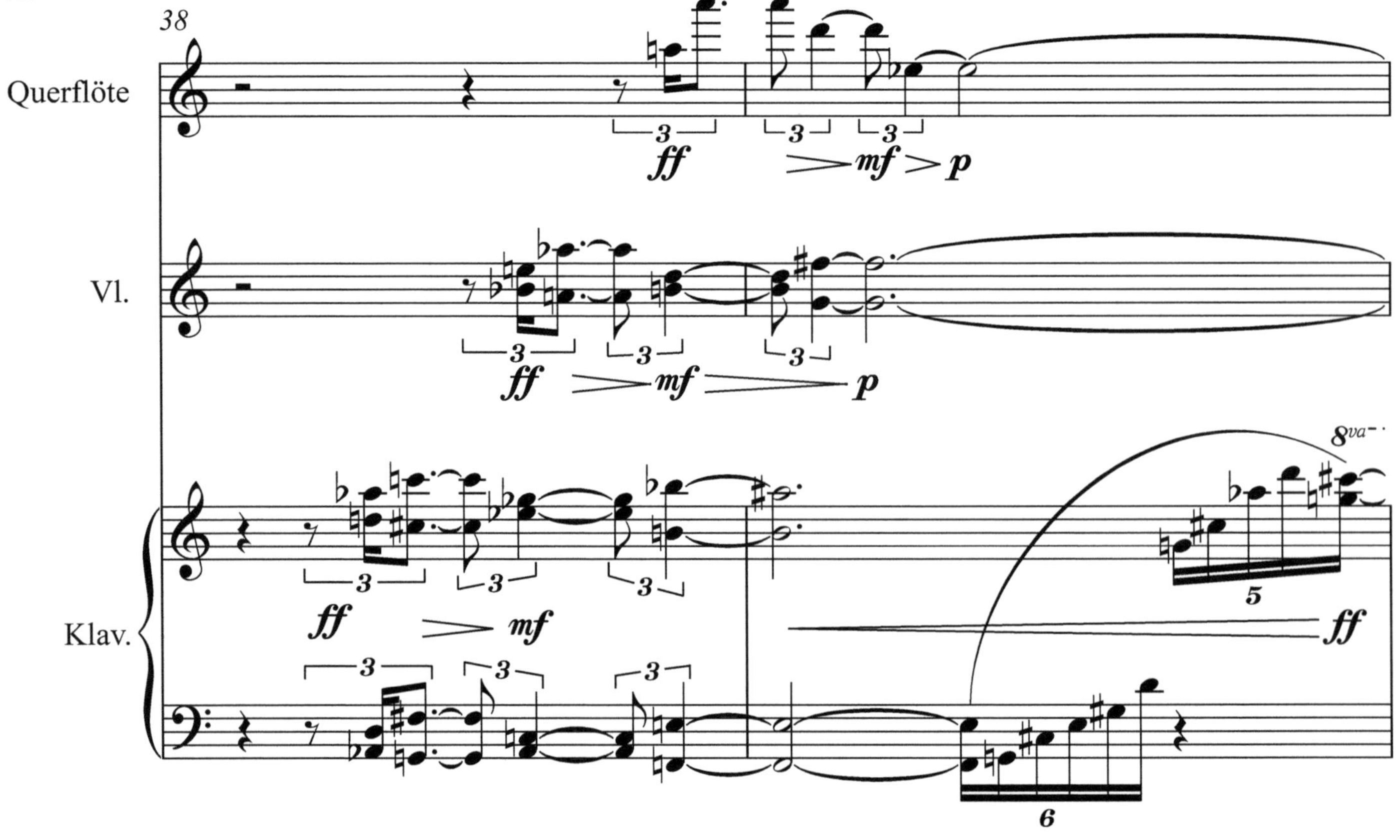

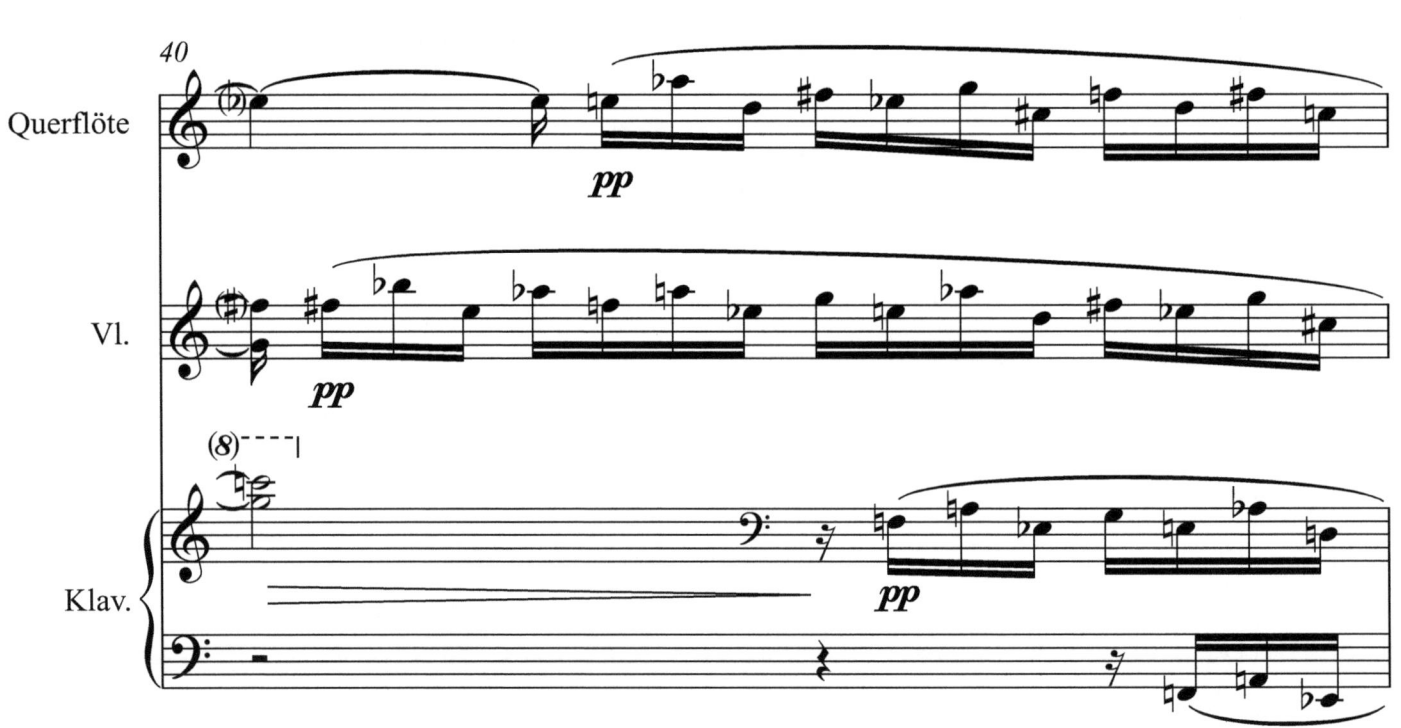

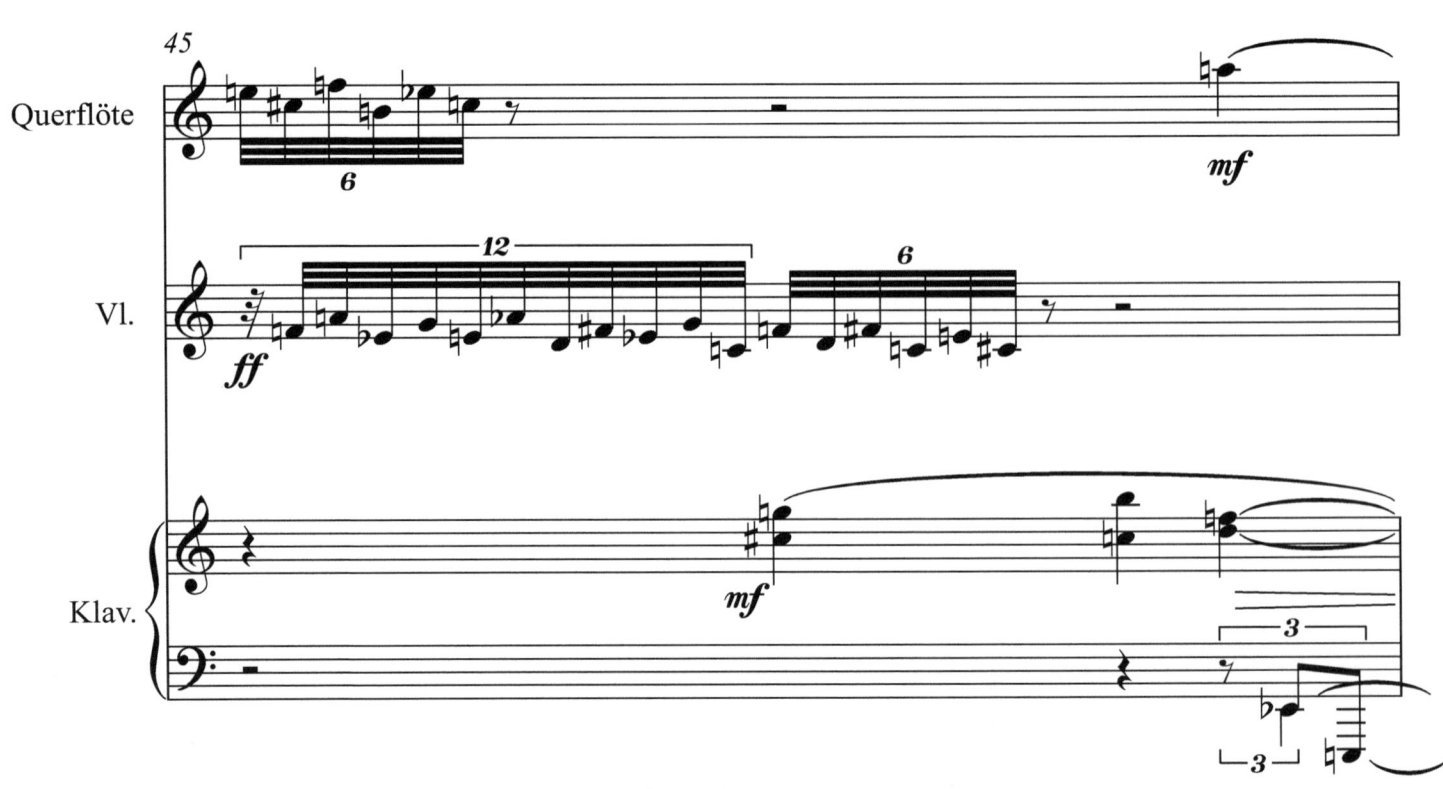

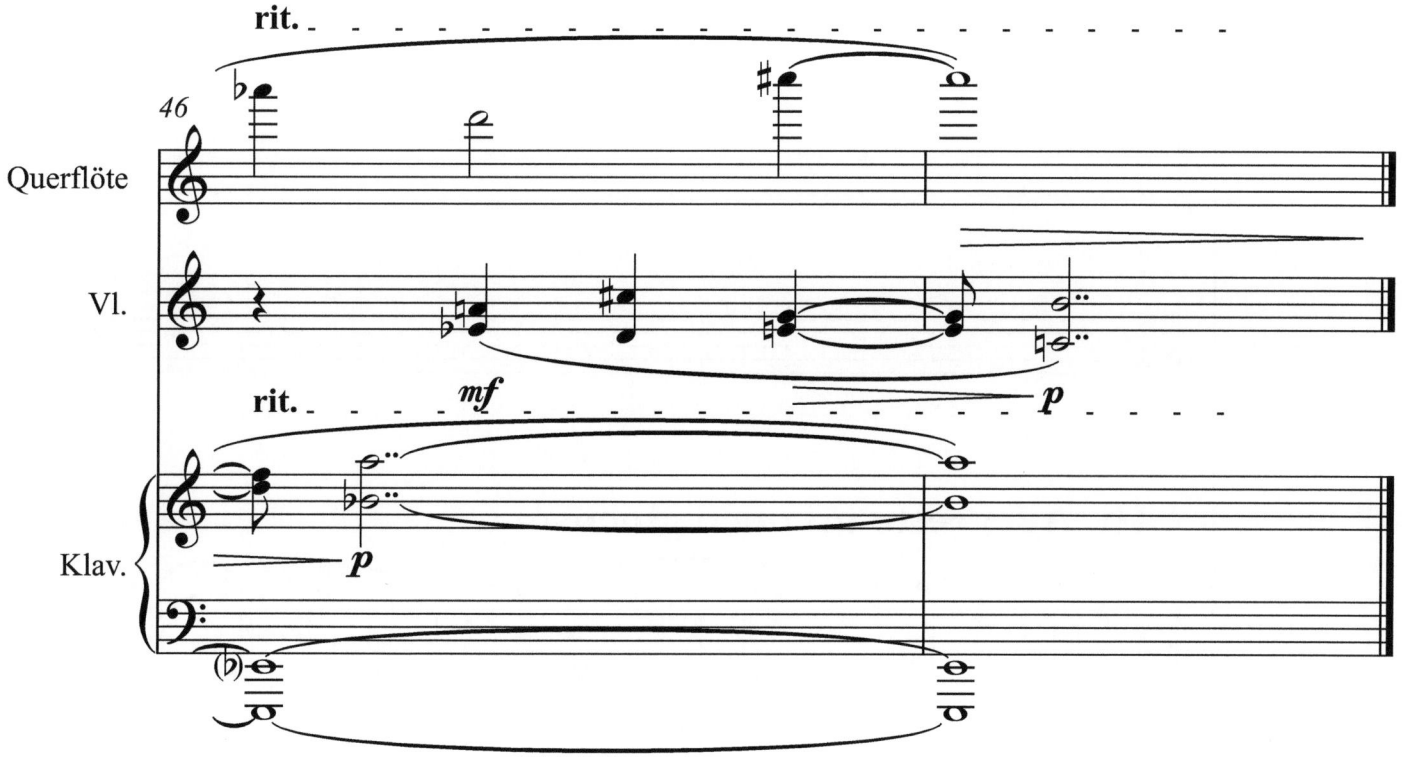

30

III. Allegretto un poco giocoso

Querflöte

Violine

III. Allegretto un poco giocoso

Klavier

Klav.

Klav.

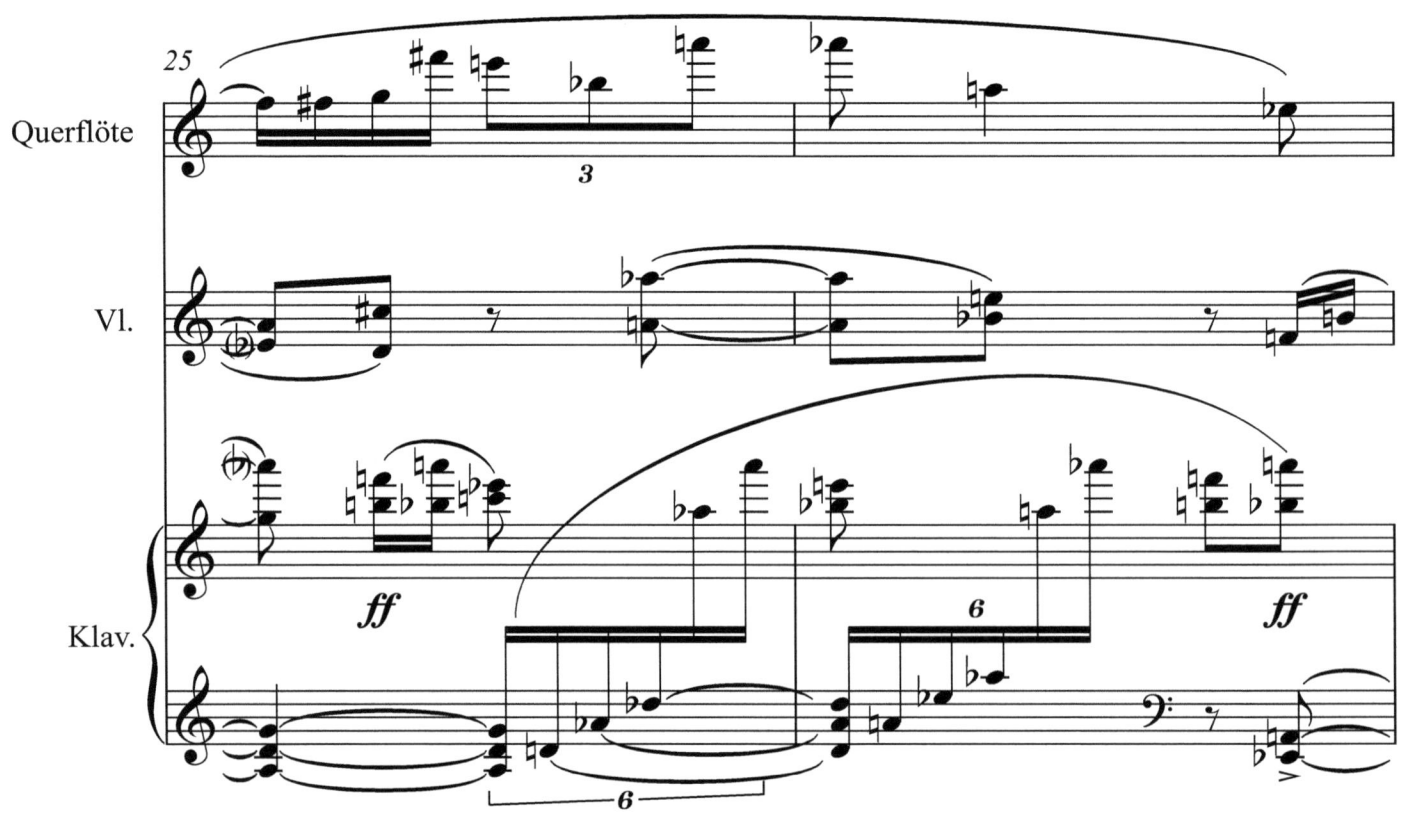

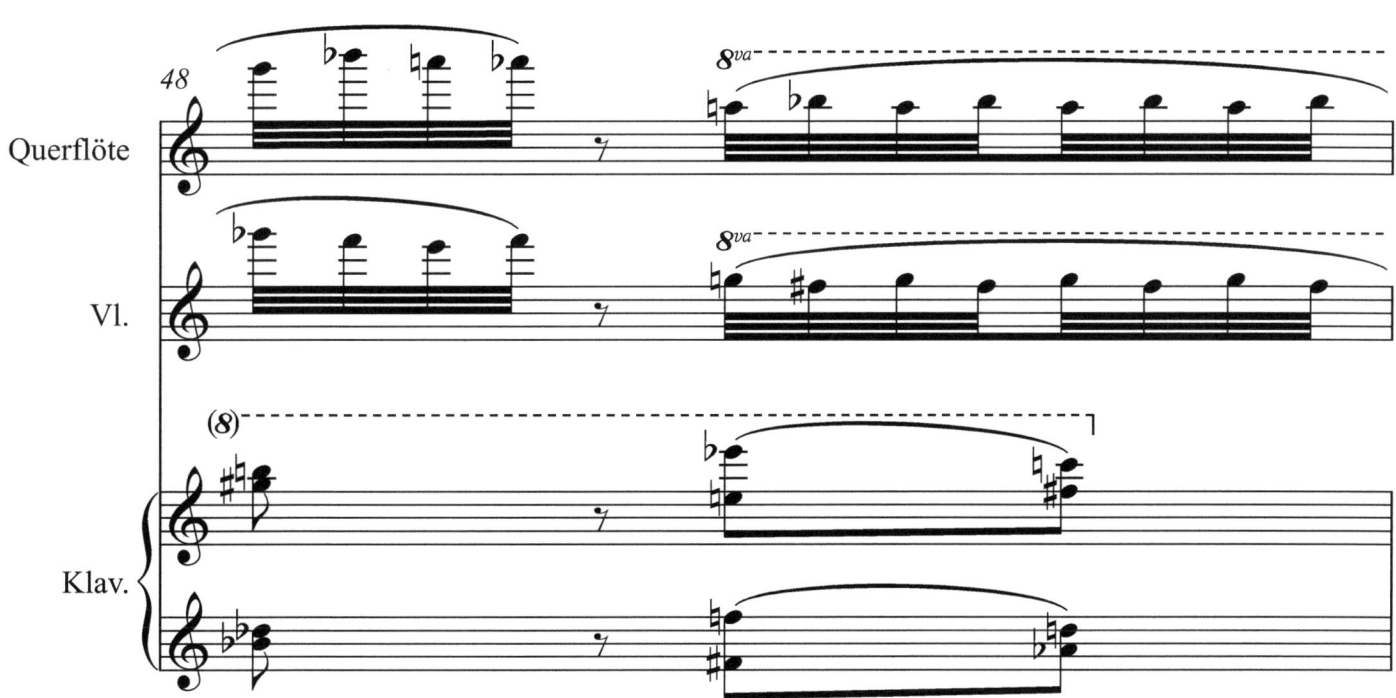

Querflöte
Vl.
Klav.
un poco misterioso
Querflöte
Vl.
Klav.
un poco misterioso
Ped.

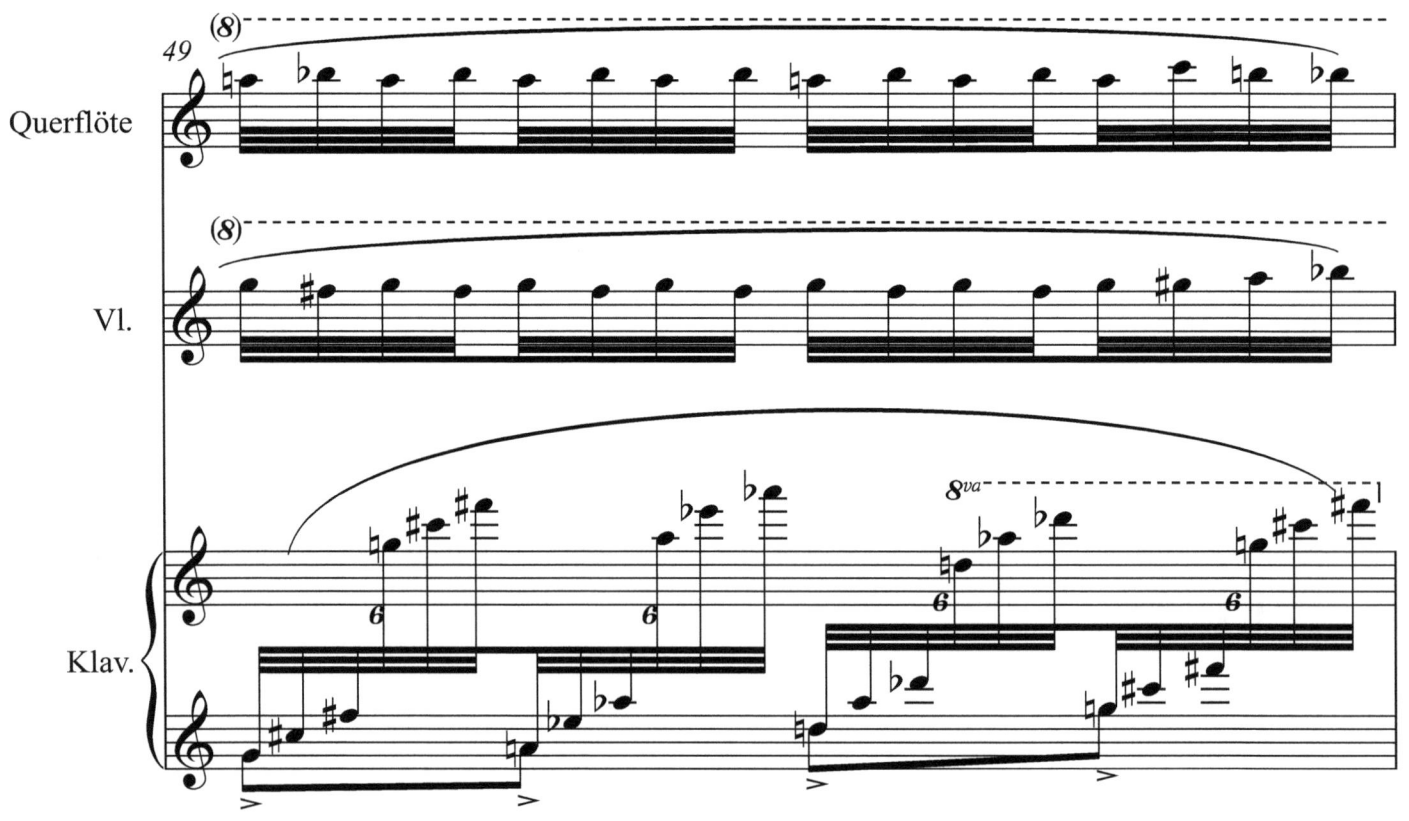

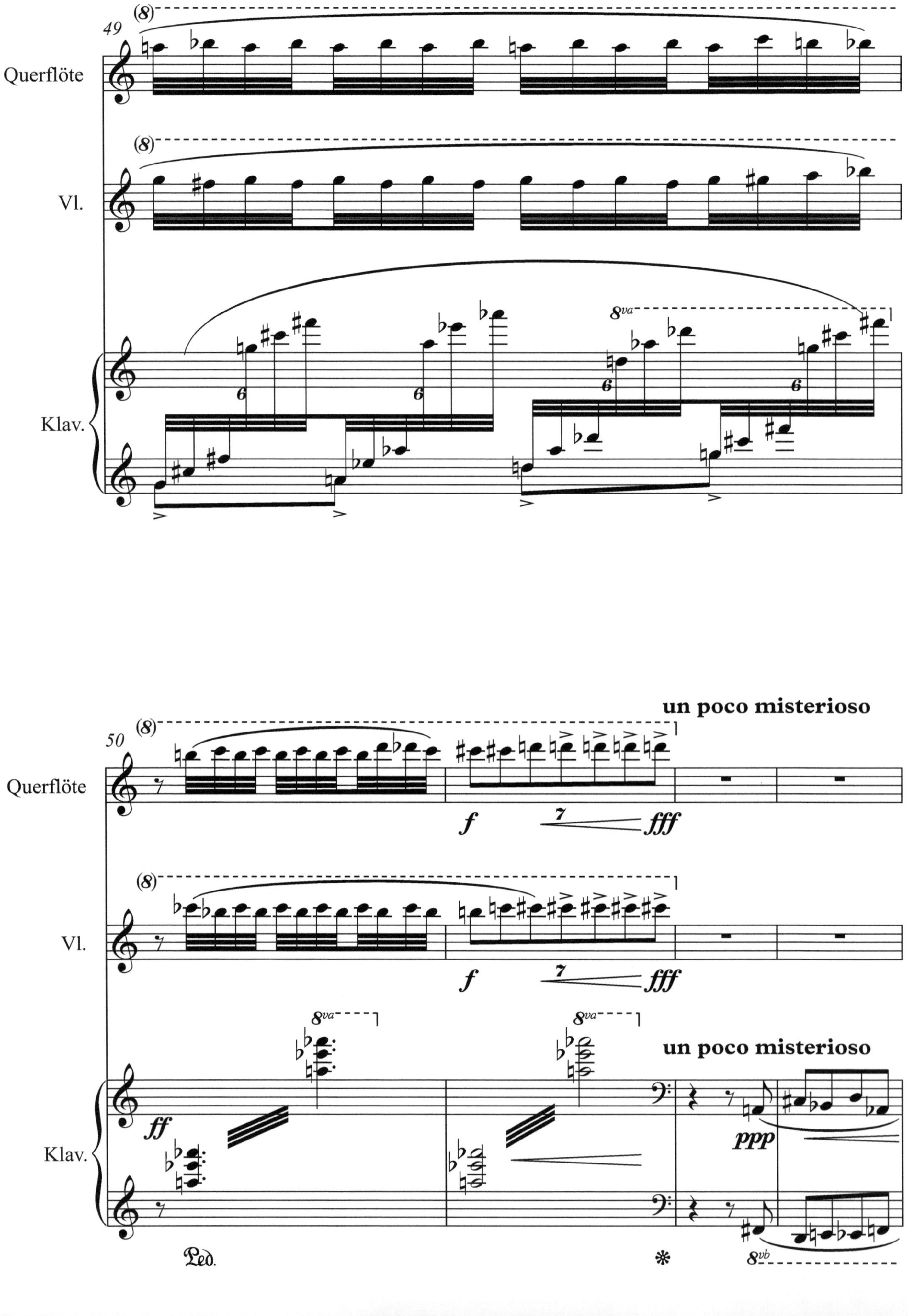

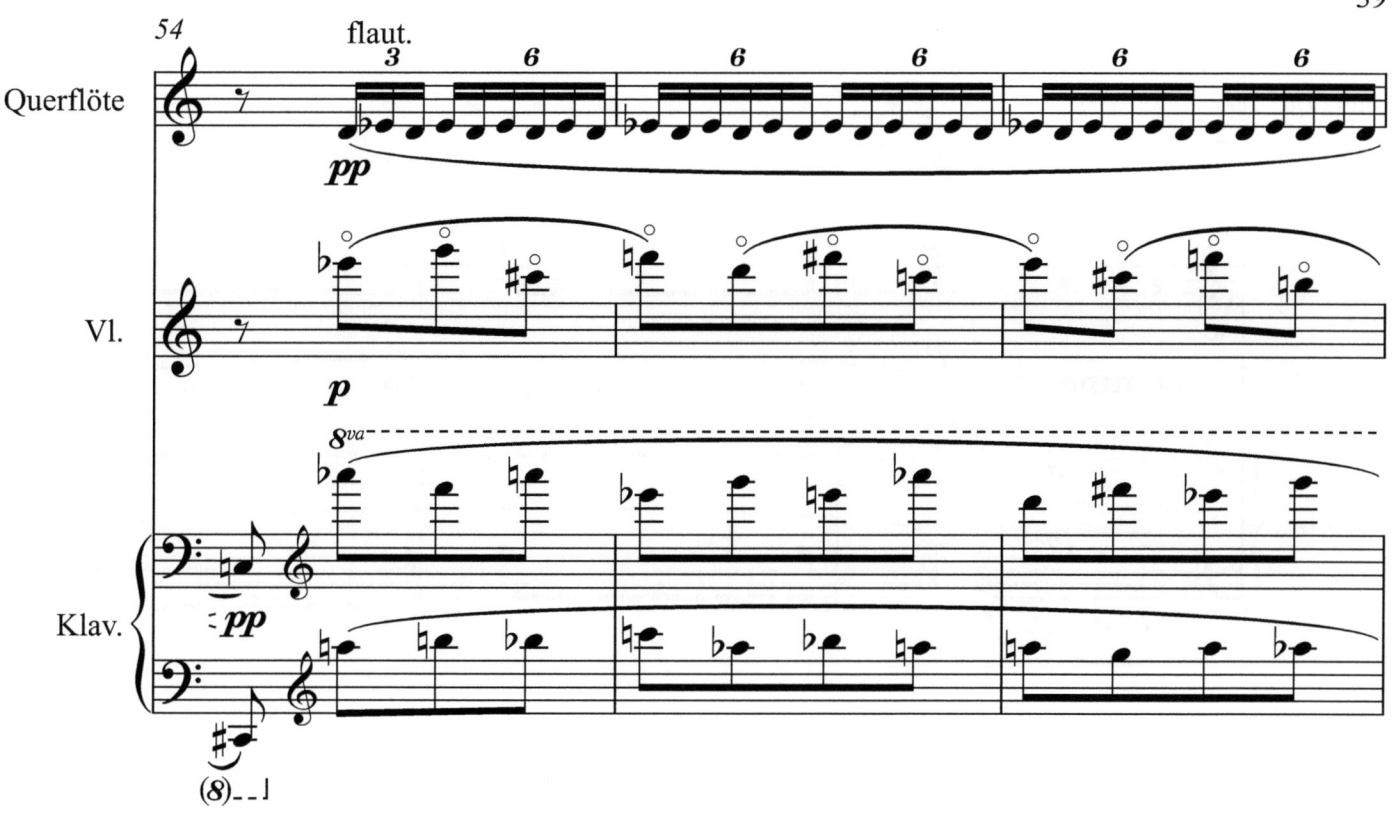

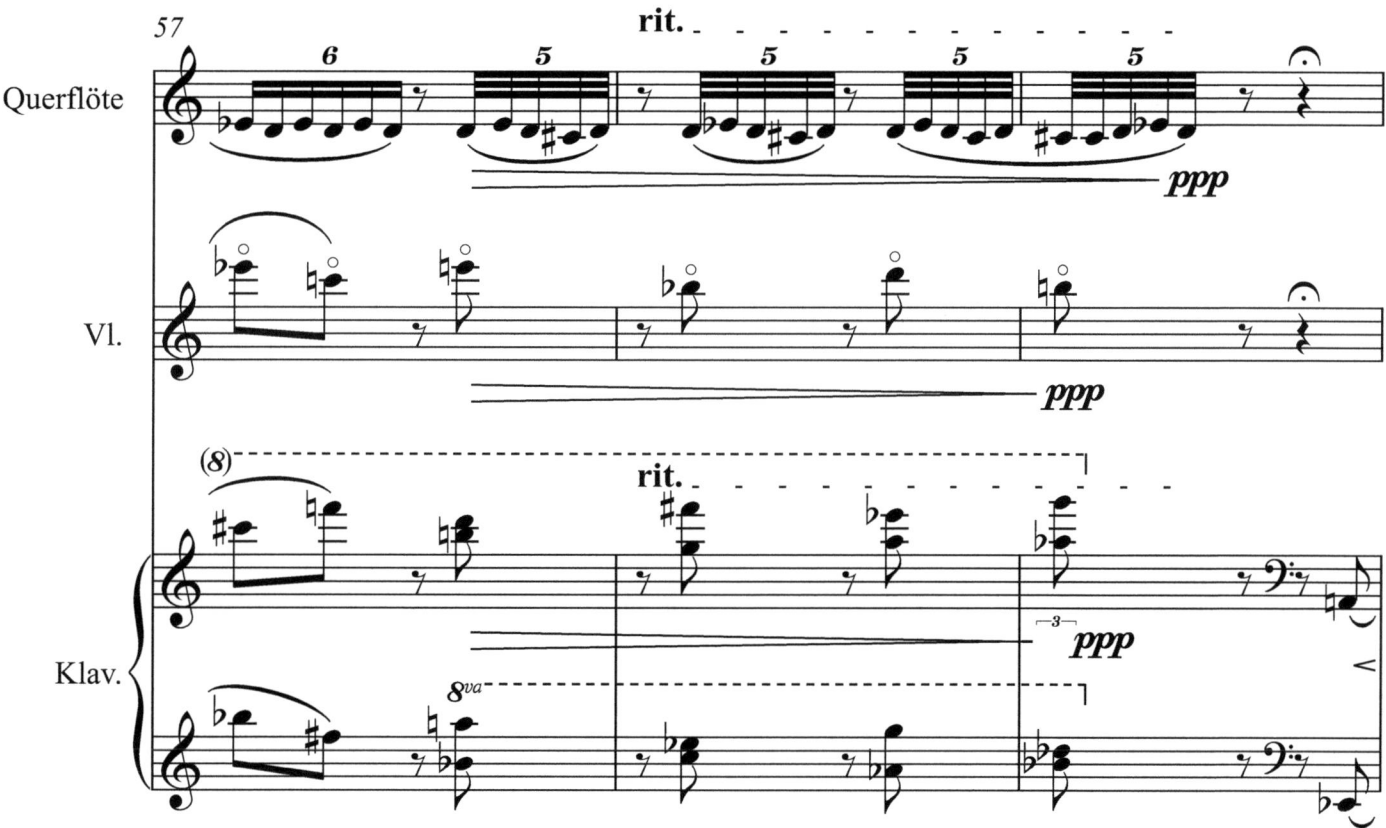

42

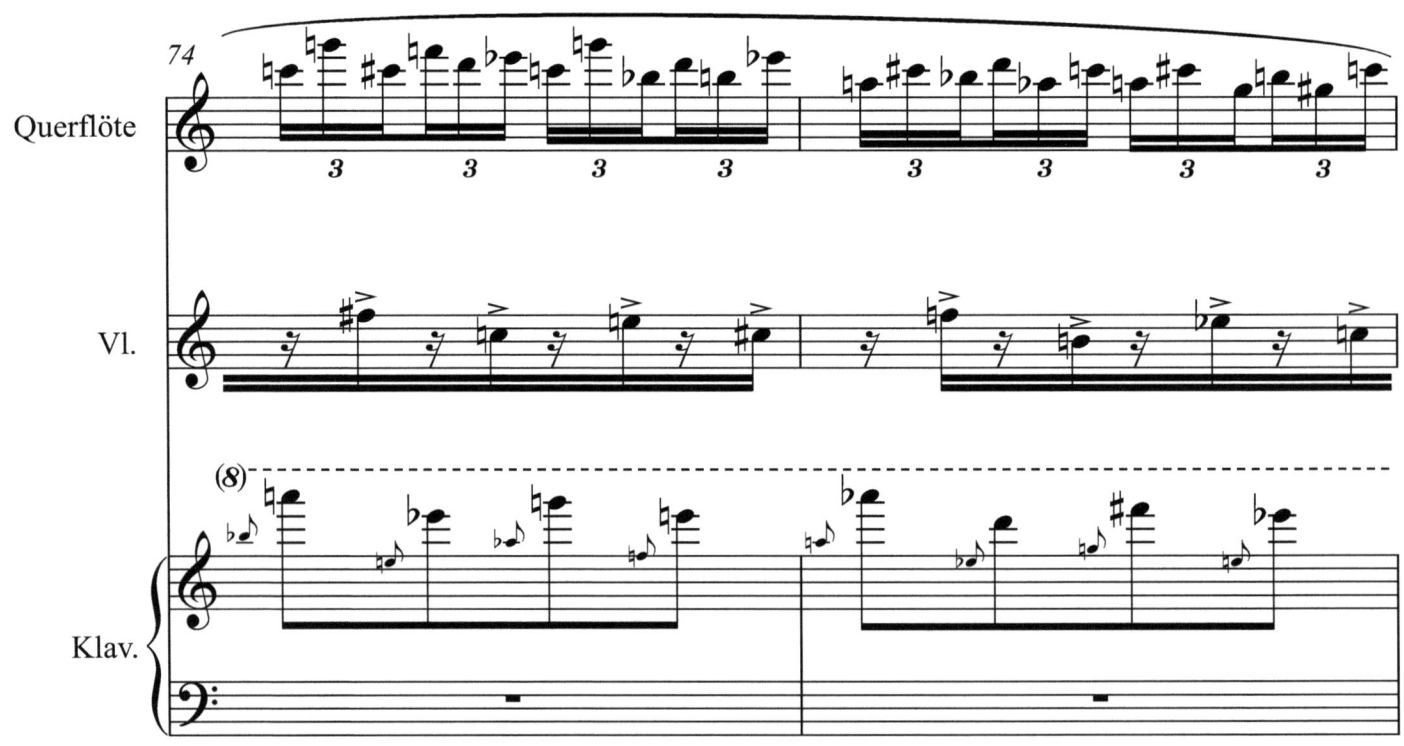

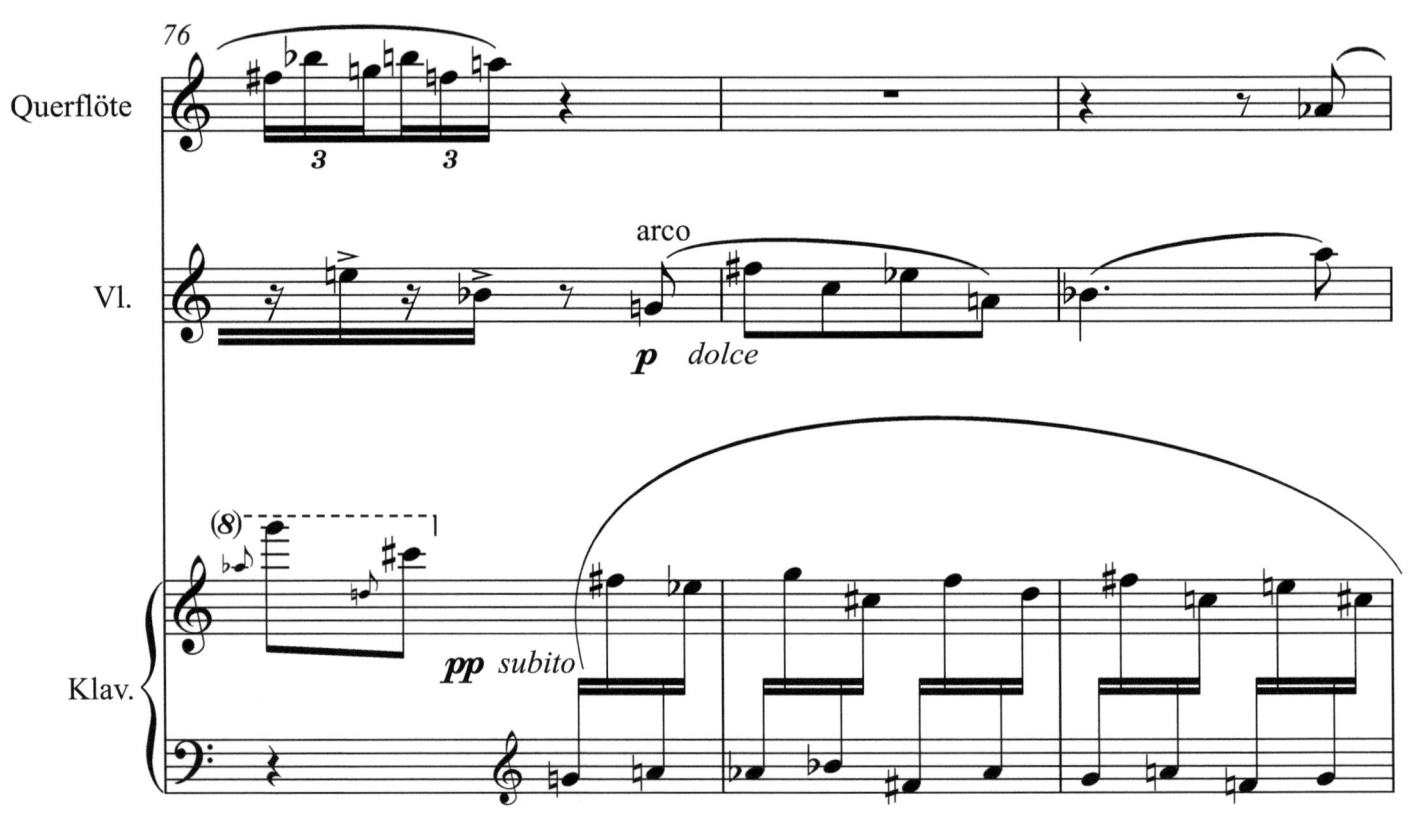

88
Vl.
Klav.
arco
5
f

92
Querflöte
Vl.
Klav.
mf
f
p
mf
f

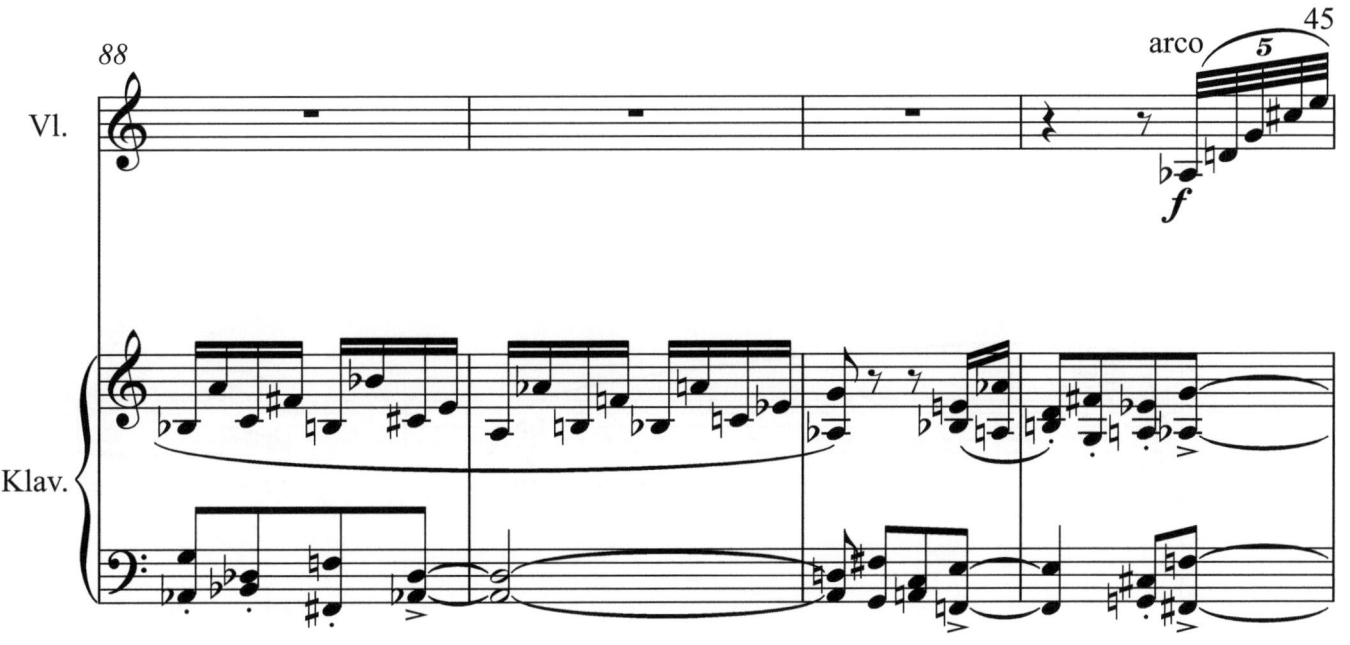

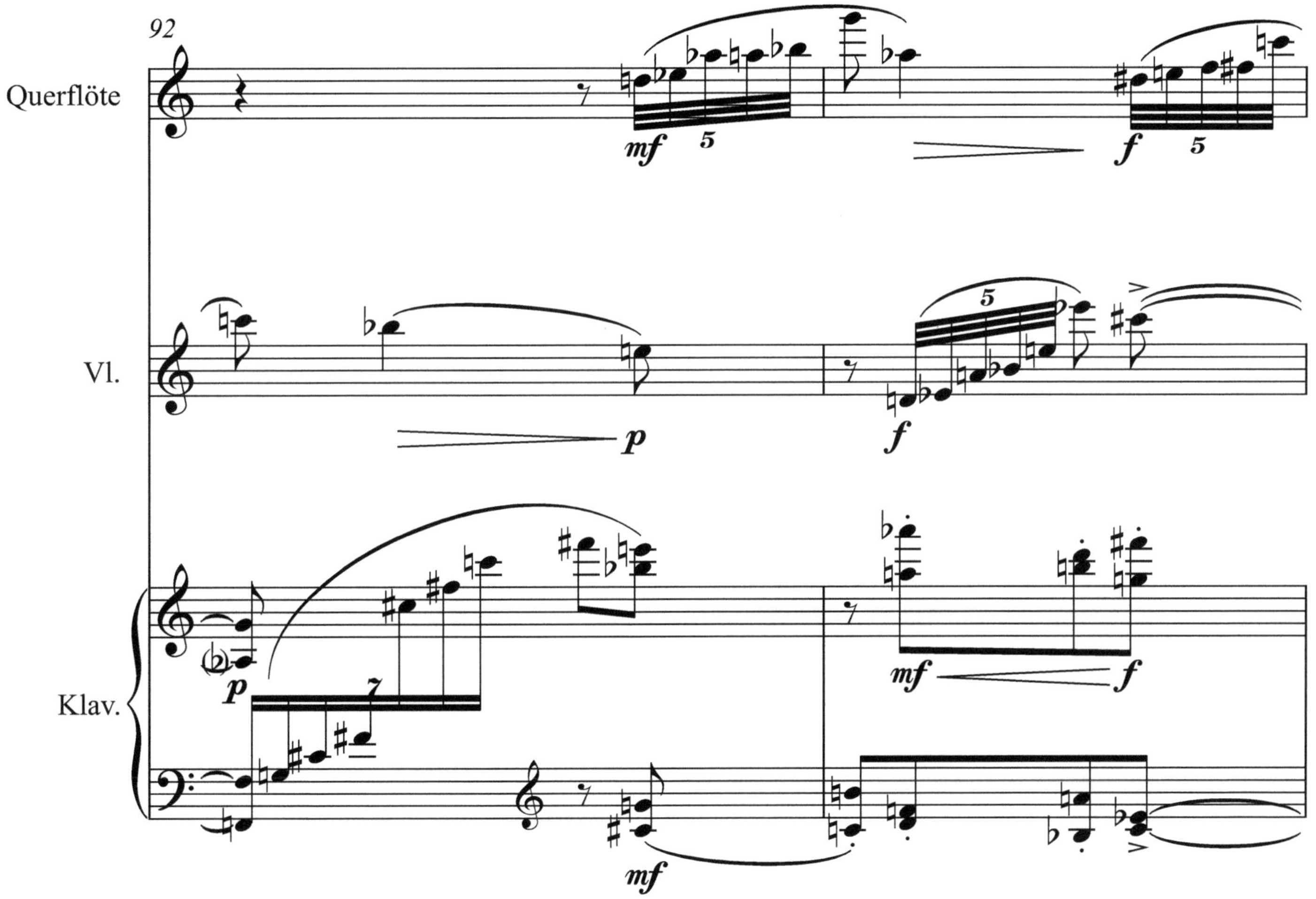

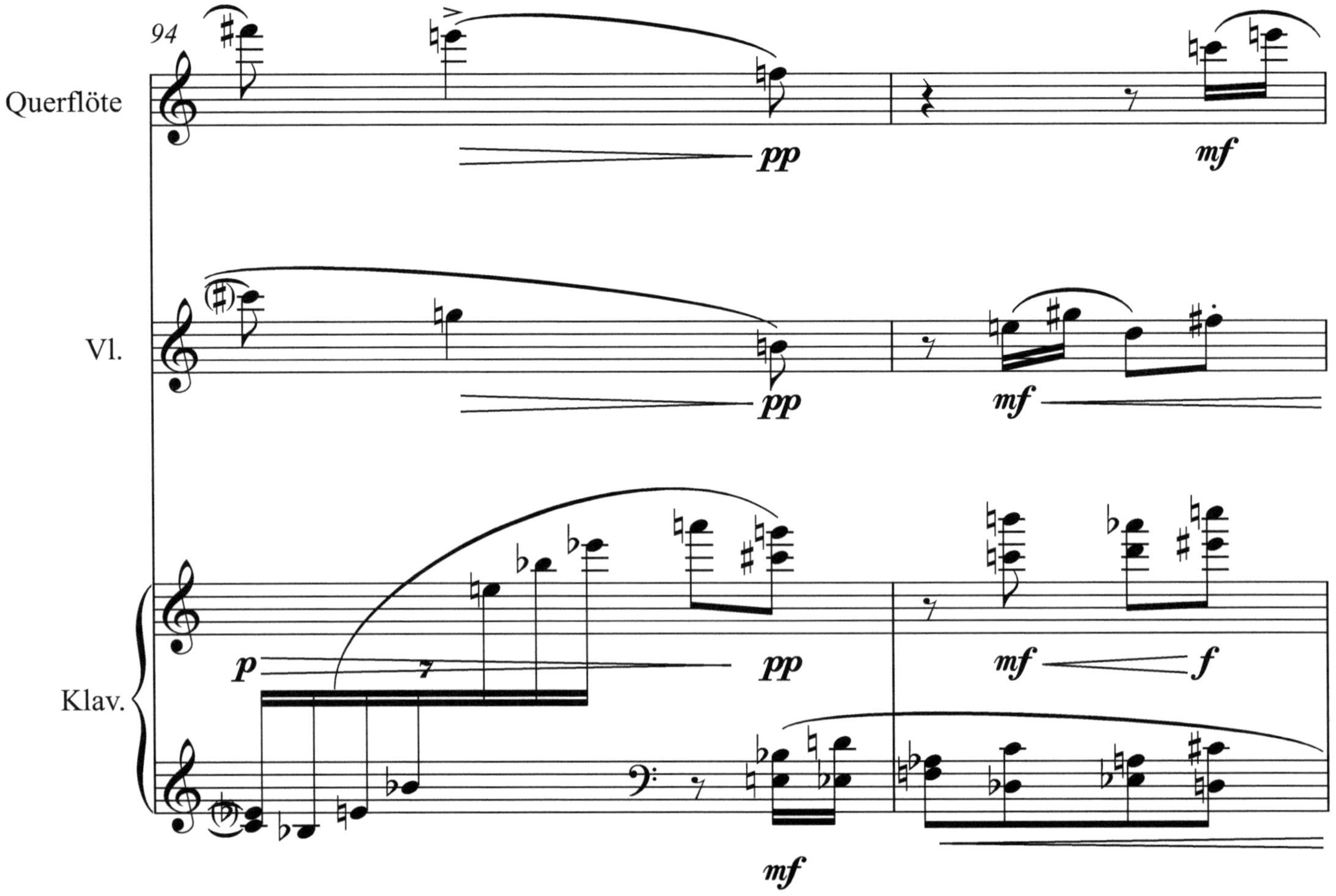
94
Querflöte
pp
mf
Vl.
pp
mf
Klav.
p
7
pp
mf
f
mf

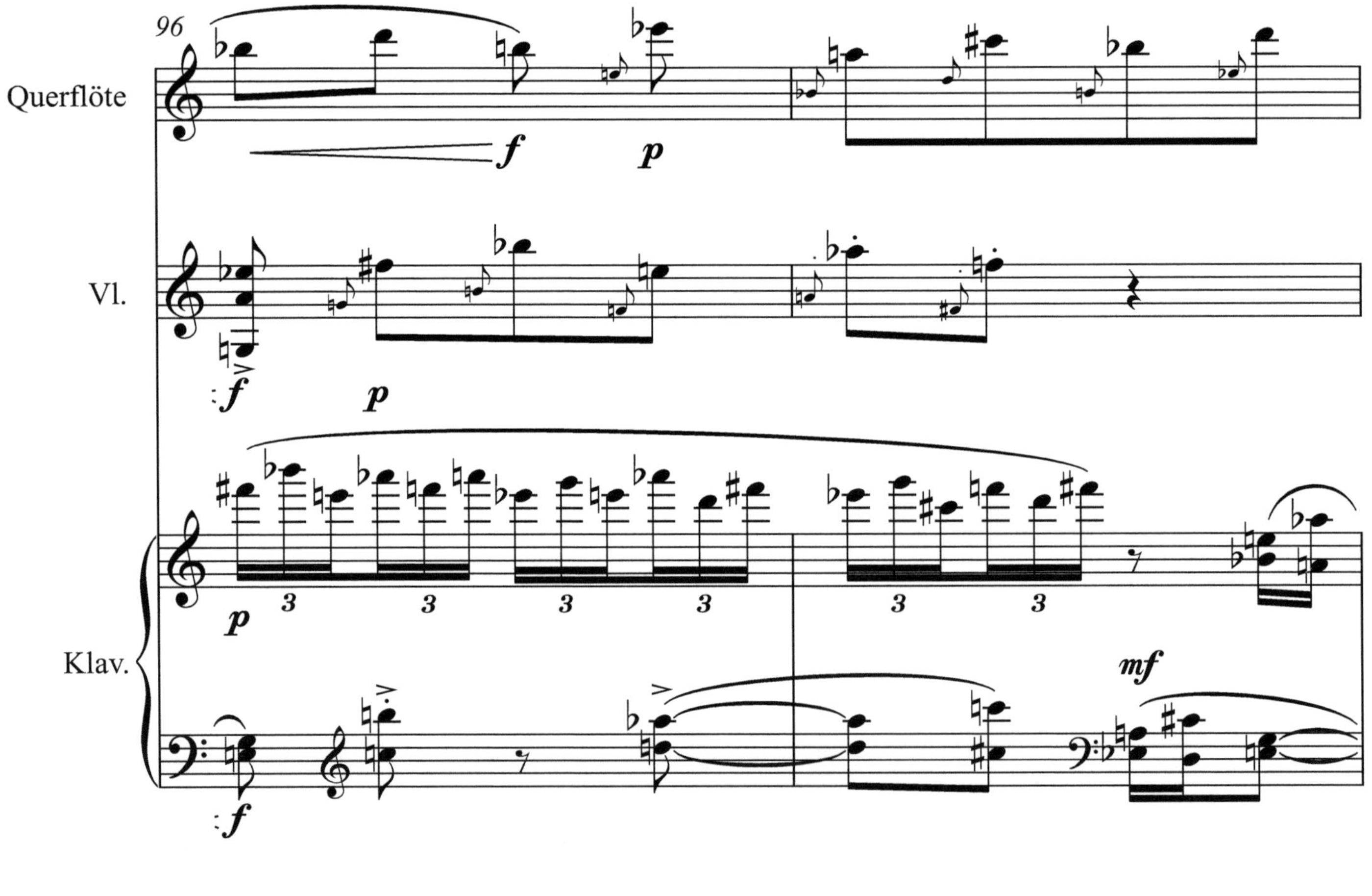
96
Querflöte
f
p
Vl.
f
p
Klav.
p
3
mf
f

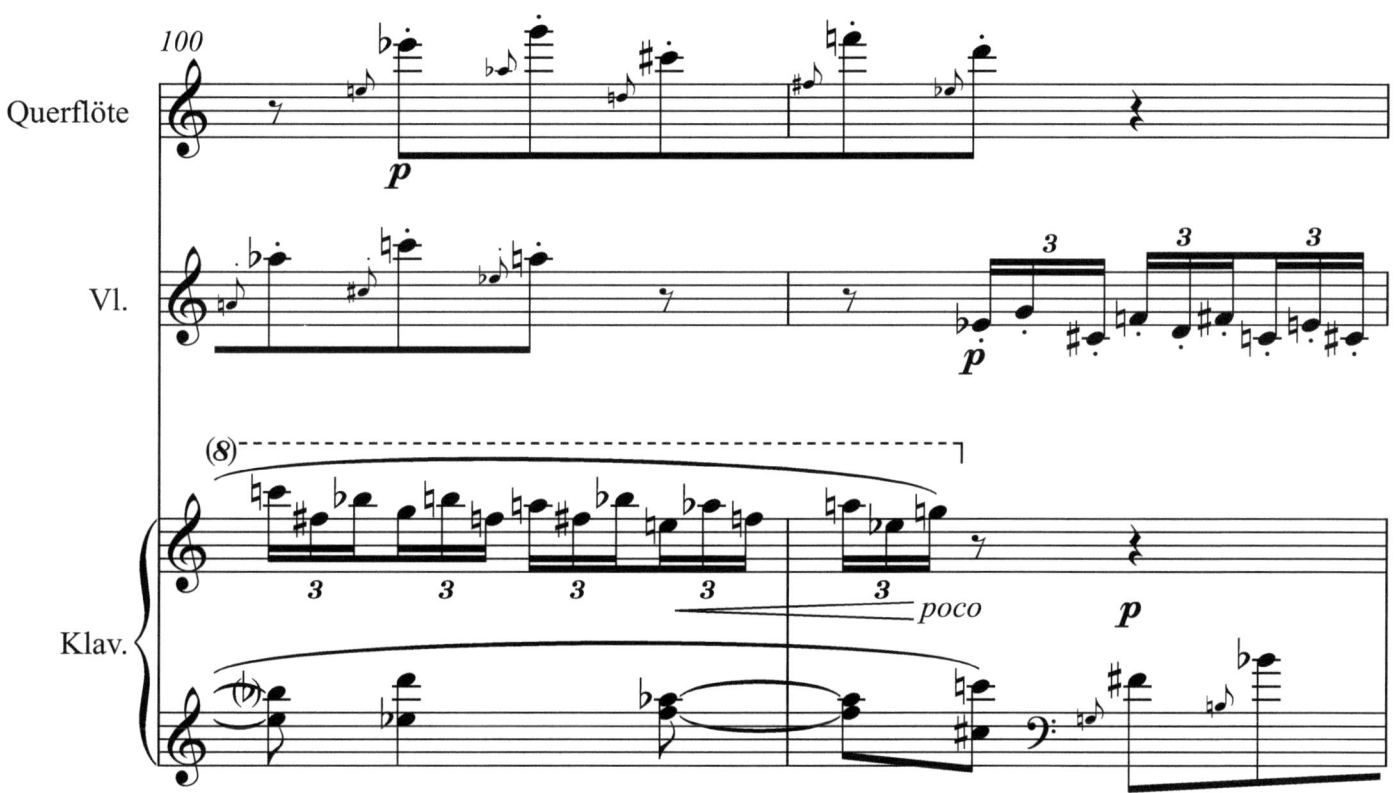

48

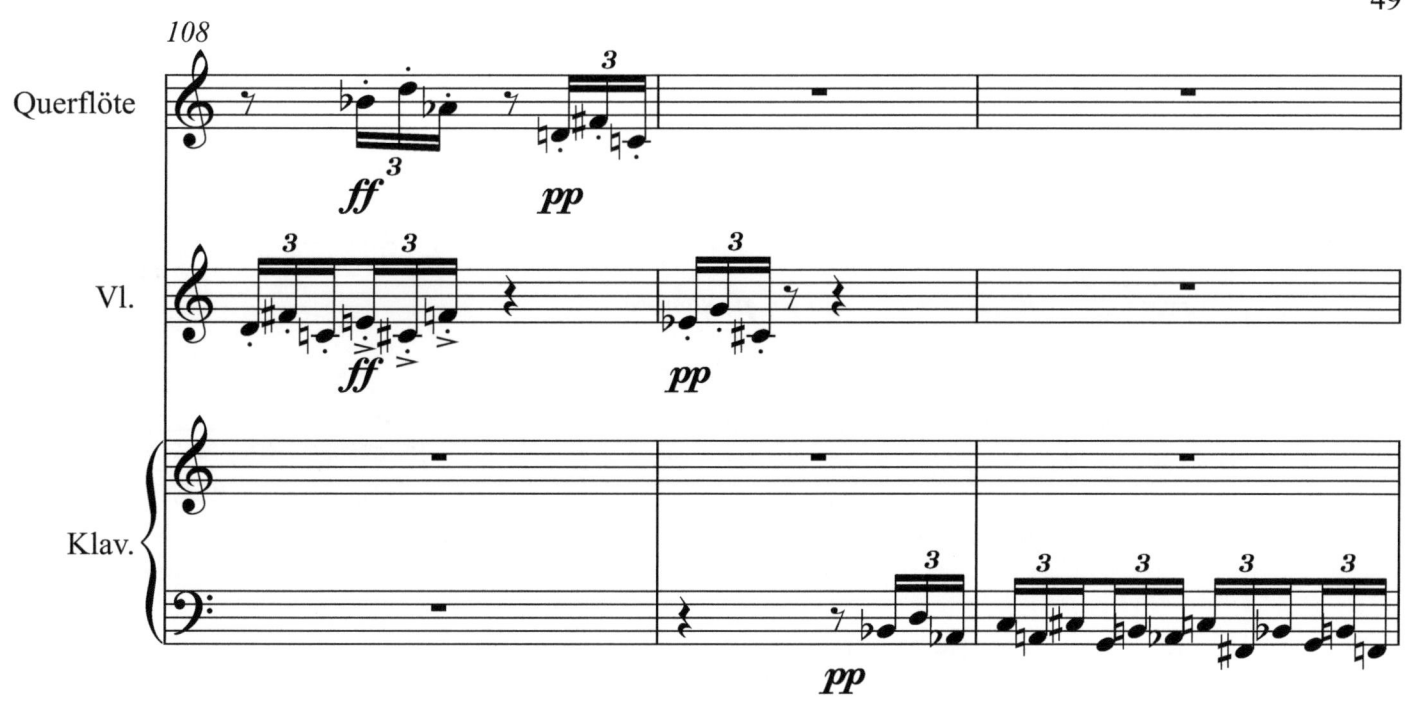

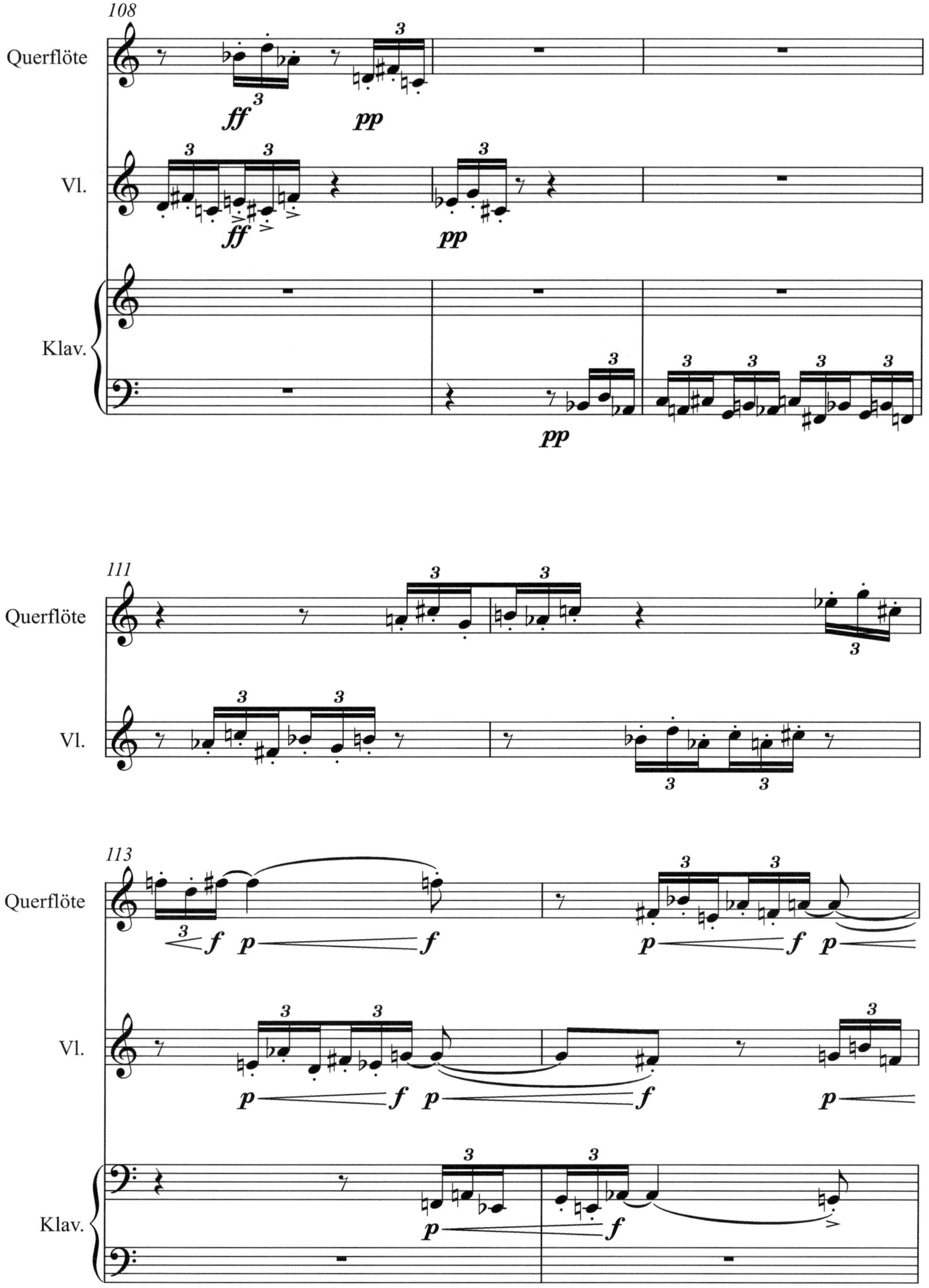
108
Querflöte
Vl.
Klav.
111
Querflöte
Vl.
113
Querflöte
Vl.
Klav.

119
Querflöte
p cresc.
ff
Vl.
p cresc.
ff
Klav.
ff

122
Querflöte
ff
Klav.
mf

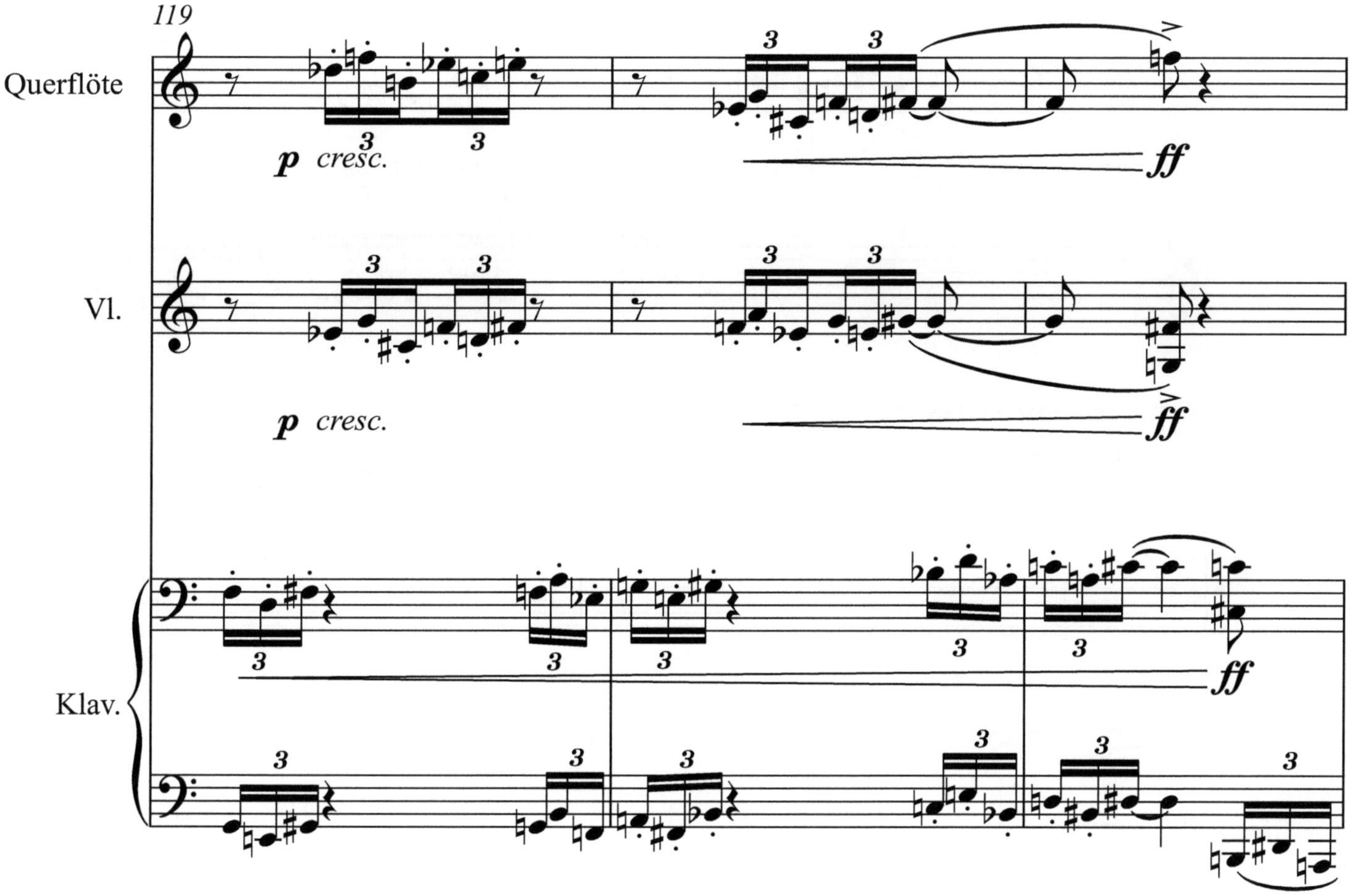

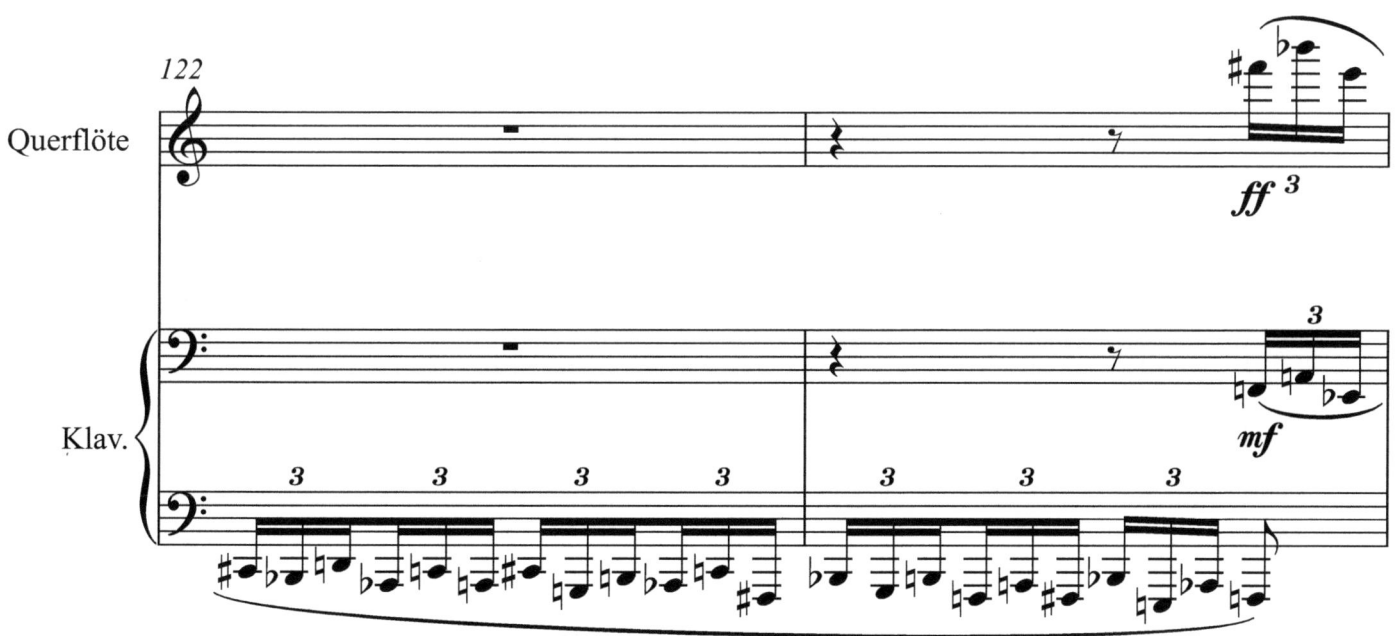

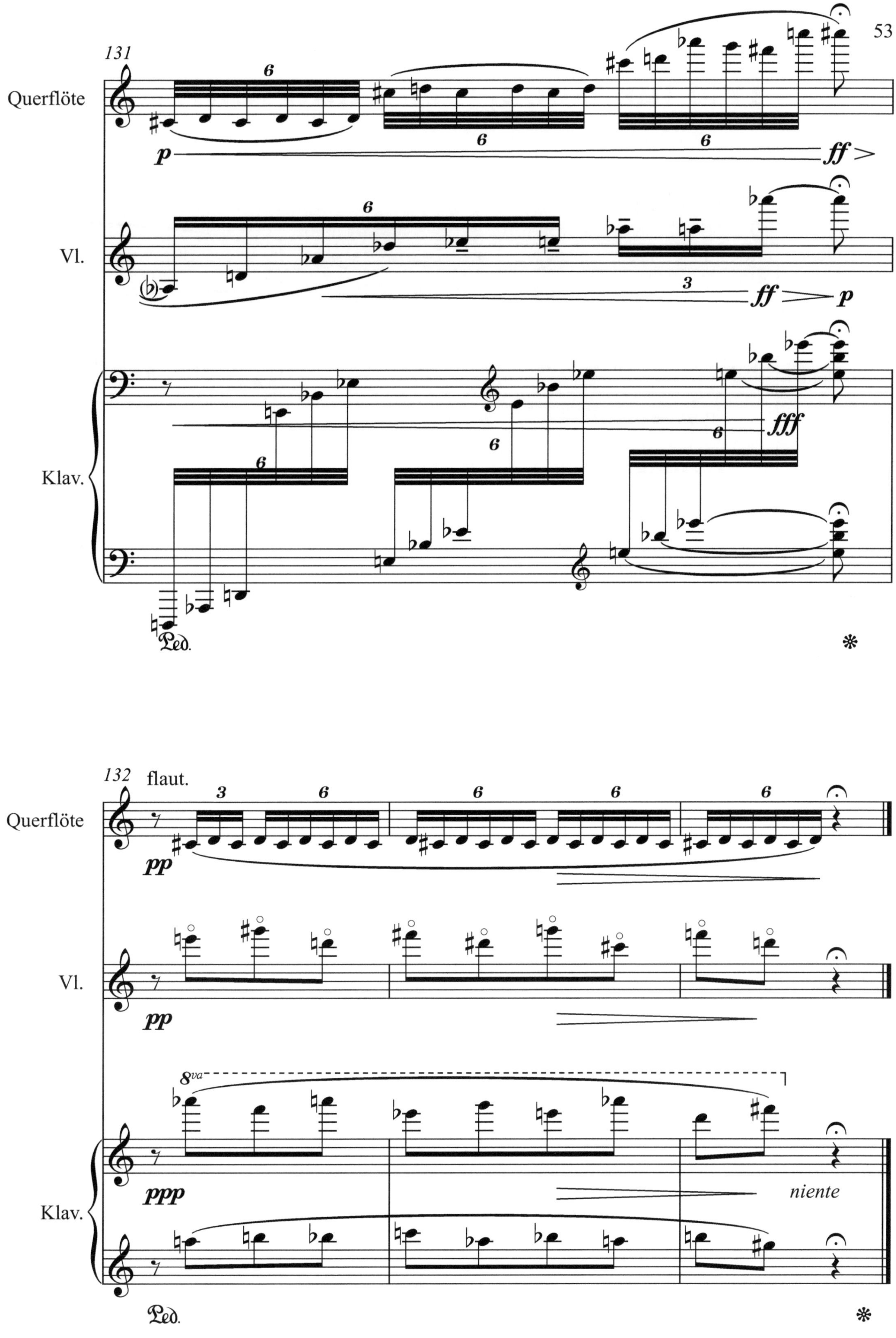
131
Querflöte
Vl.
Klav.
132
flaut.
Querflöte
Vl.
Klav.
niente

Trio für Oboe, Cello und Klavier

Rauten: Klaviersaite mit Finger abdämpfen und die entsprechenden Tasten gemäß Notation spielen und Finger loslassen.

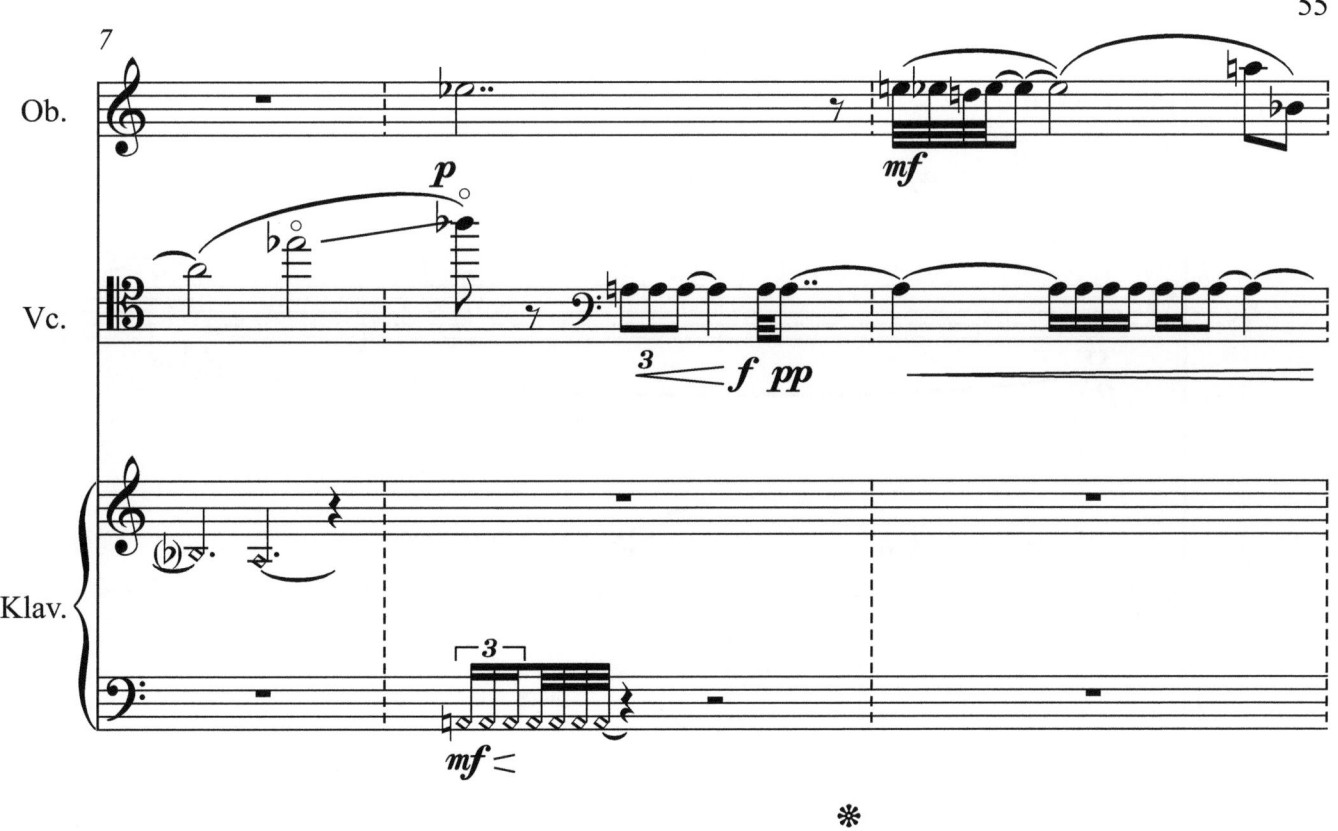

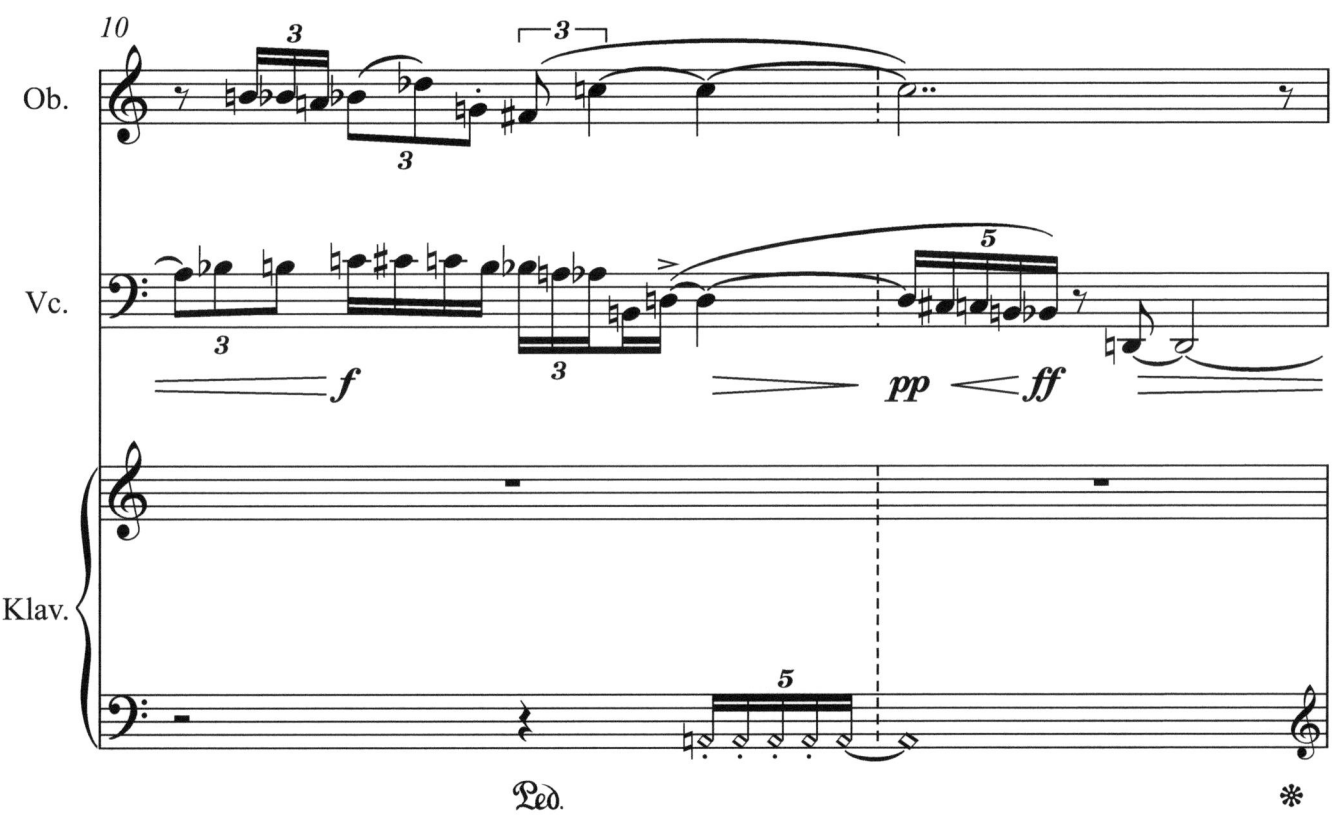

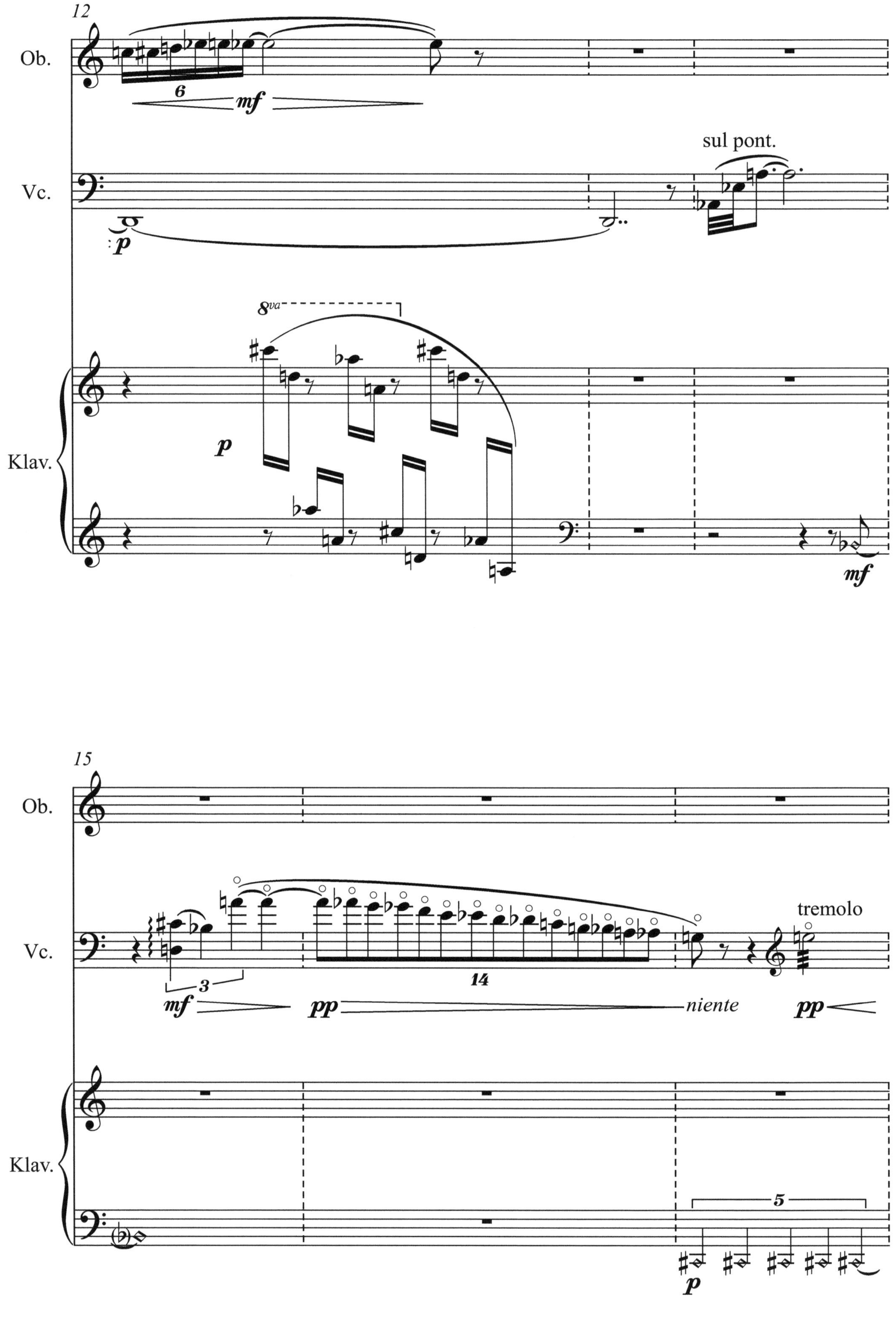
12
Ob.
Vc.
Klav.
sul pont.
15
tremolo
niente

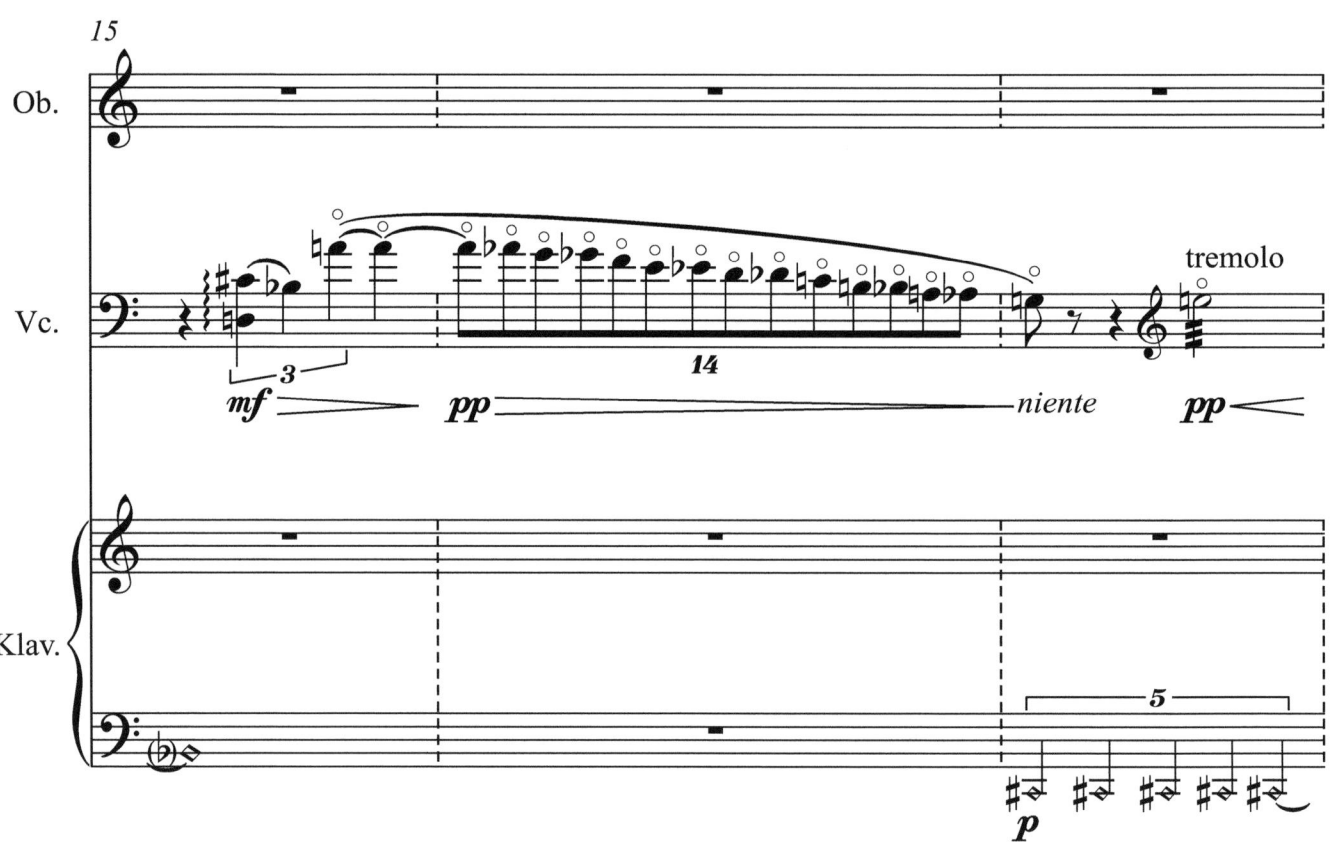

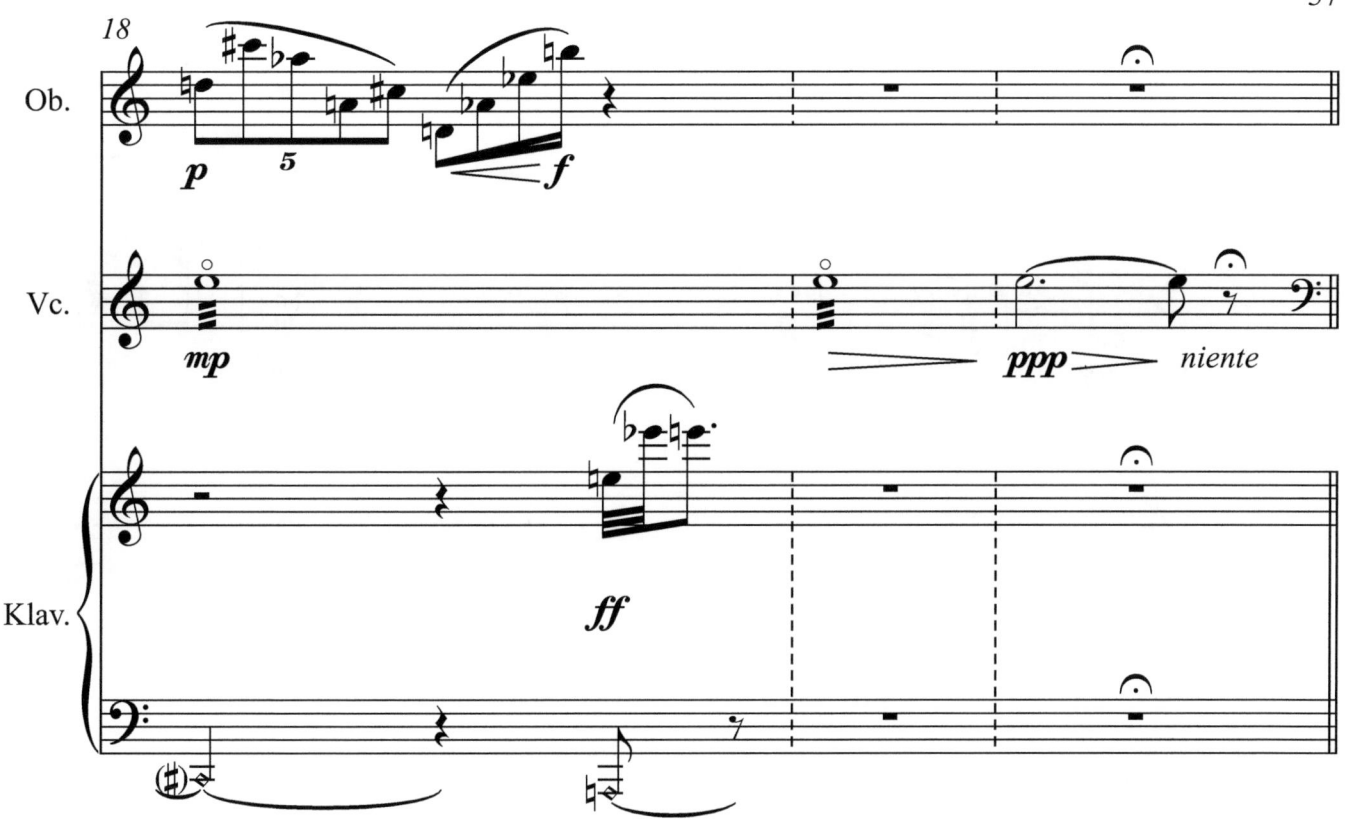

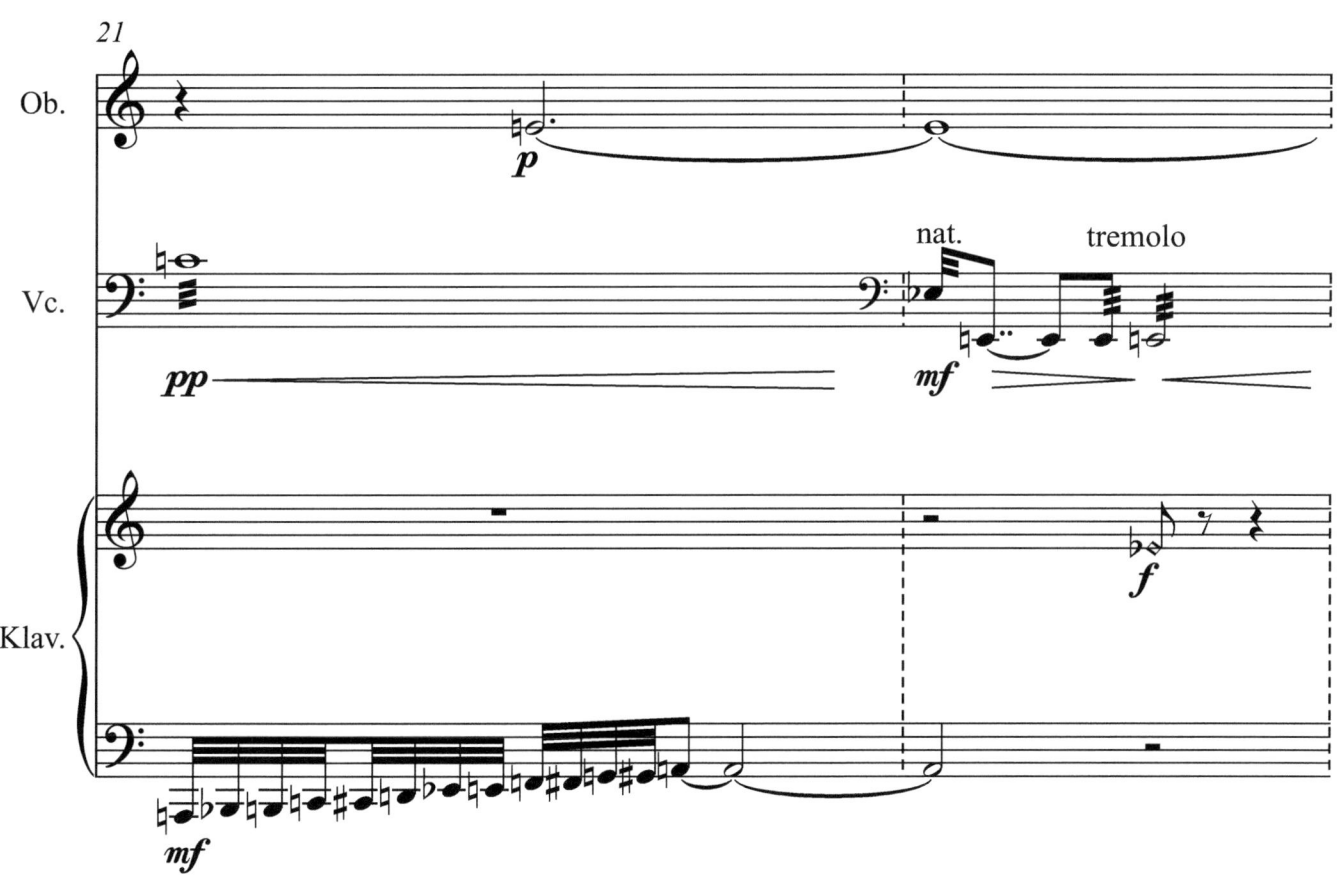

58

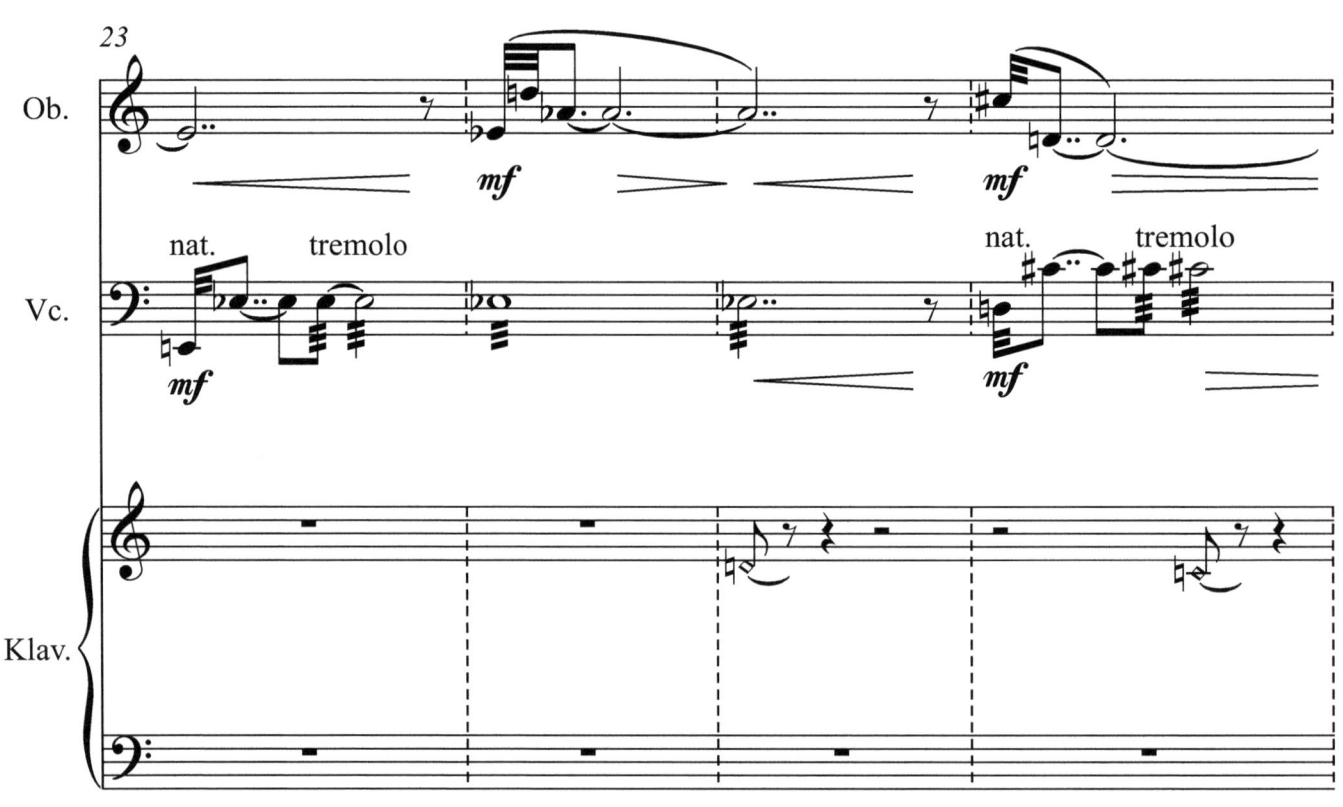

60

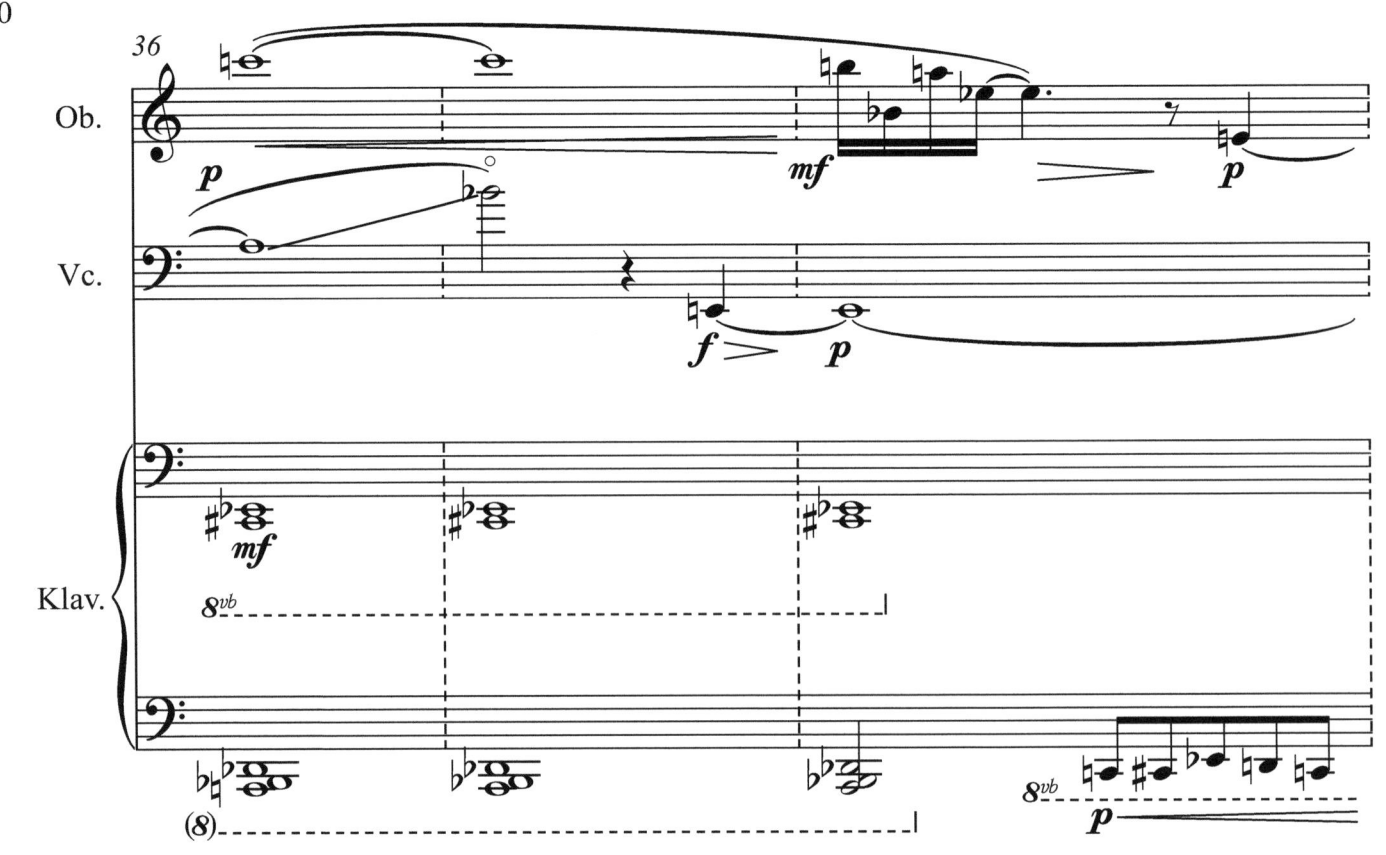

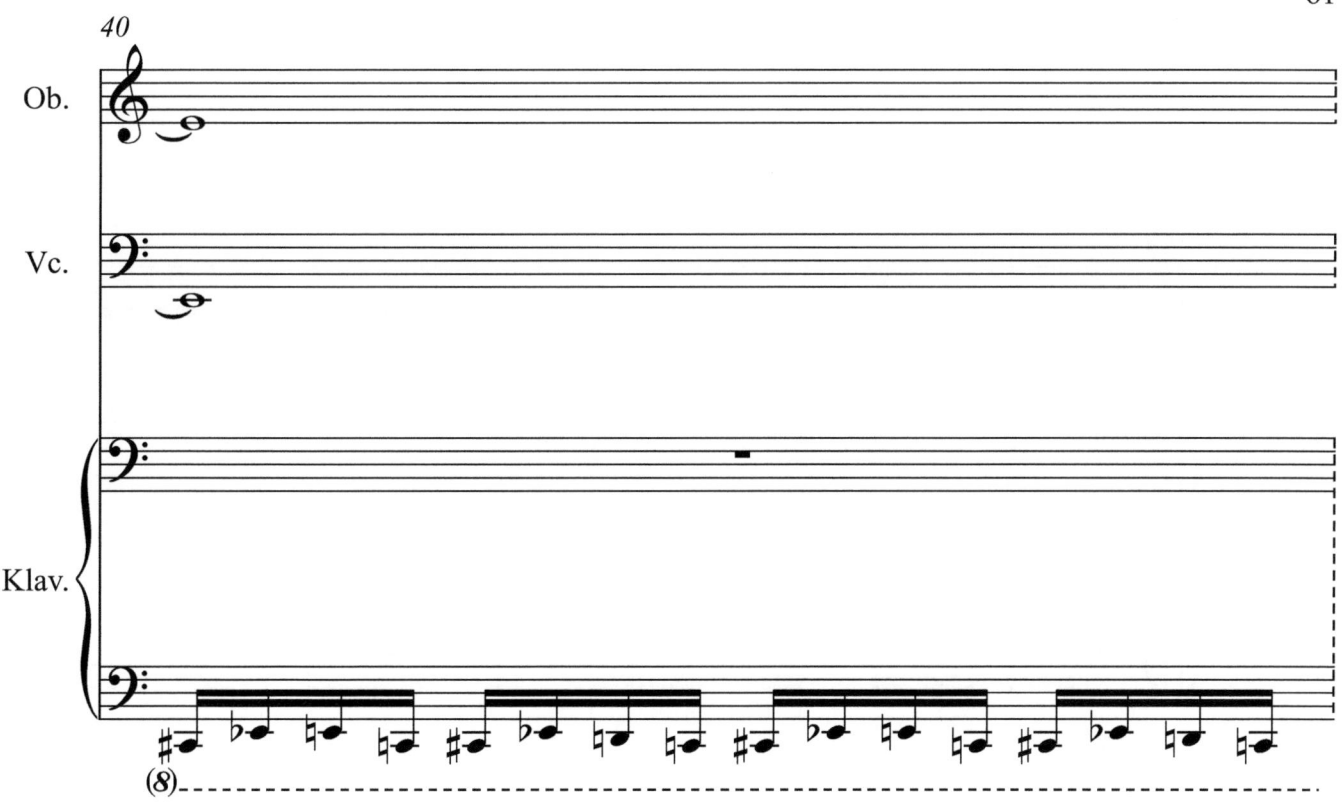

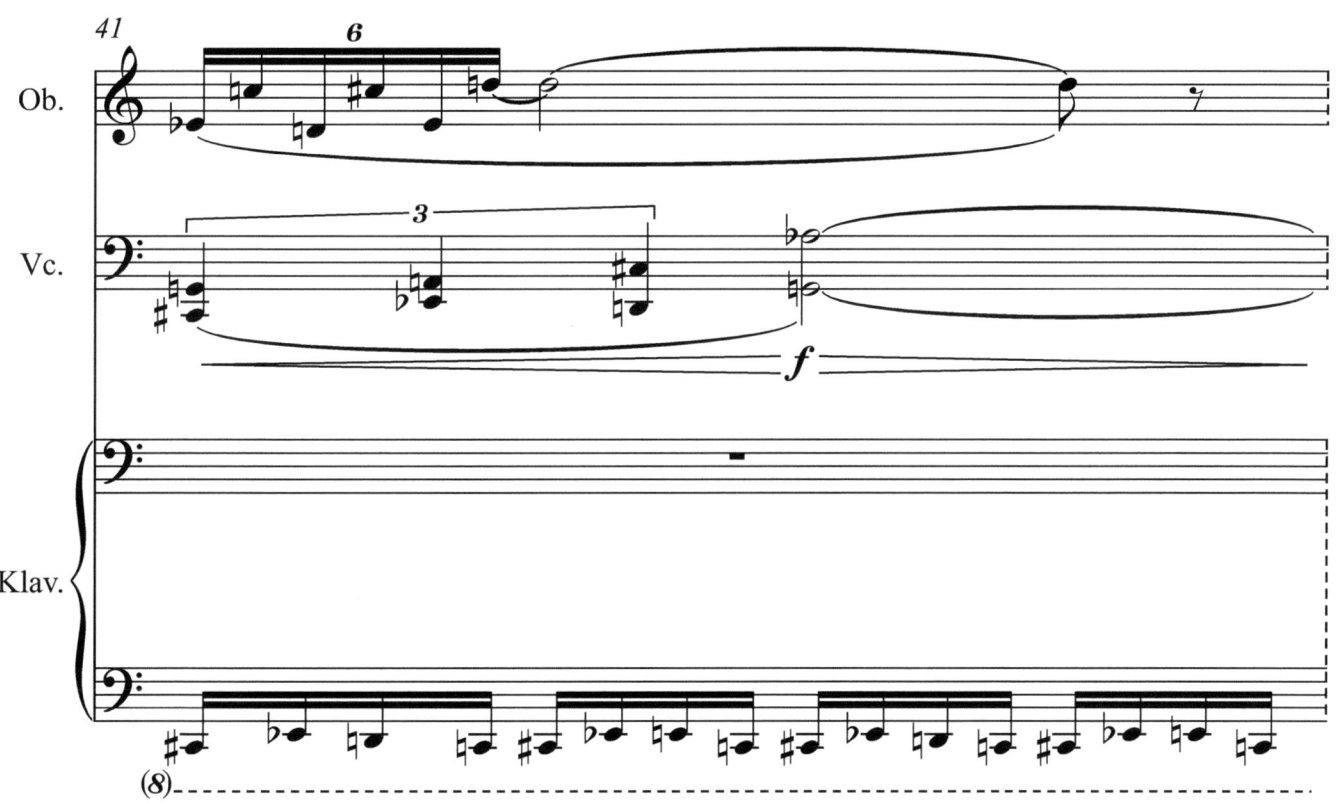

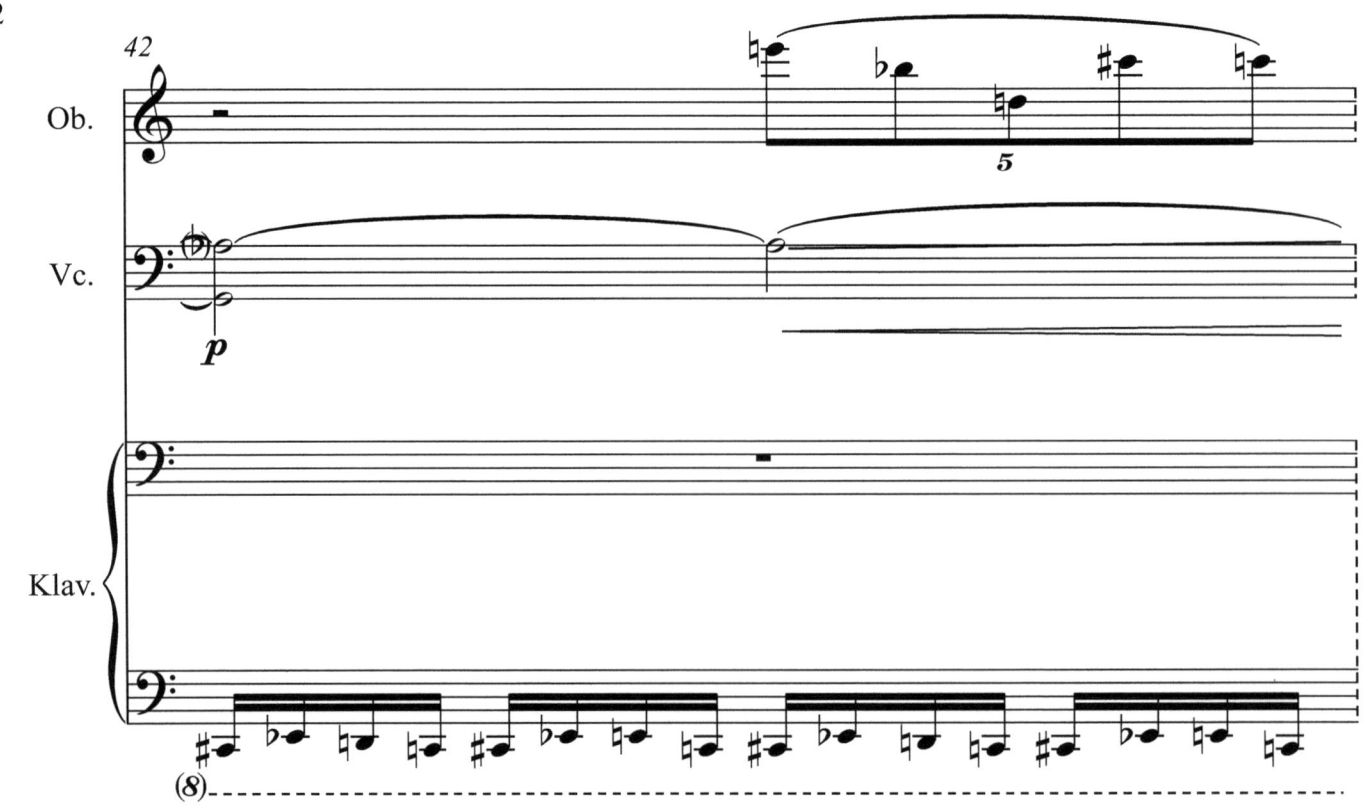

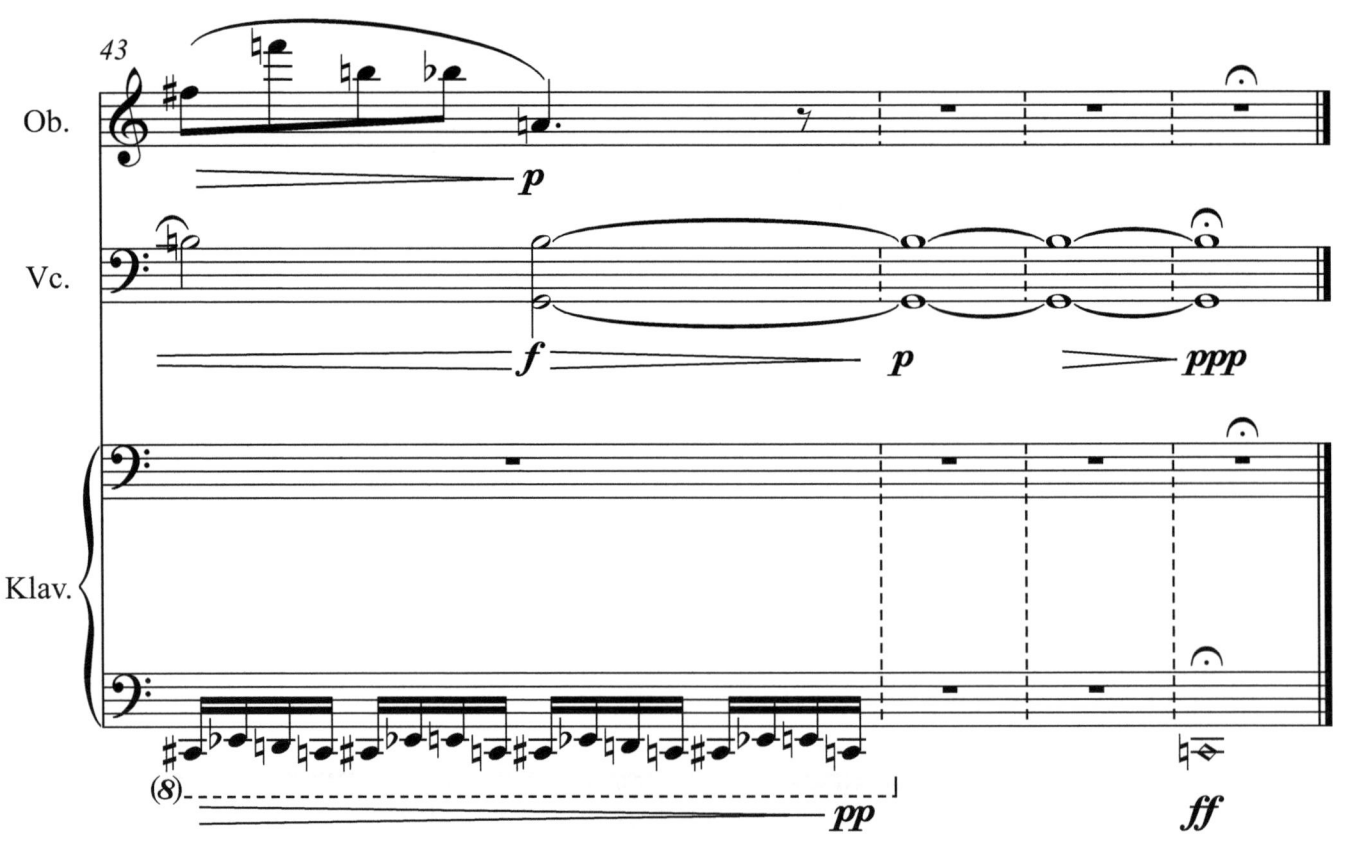

II. Andante arioso

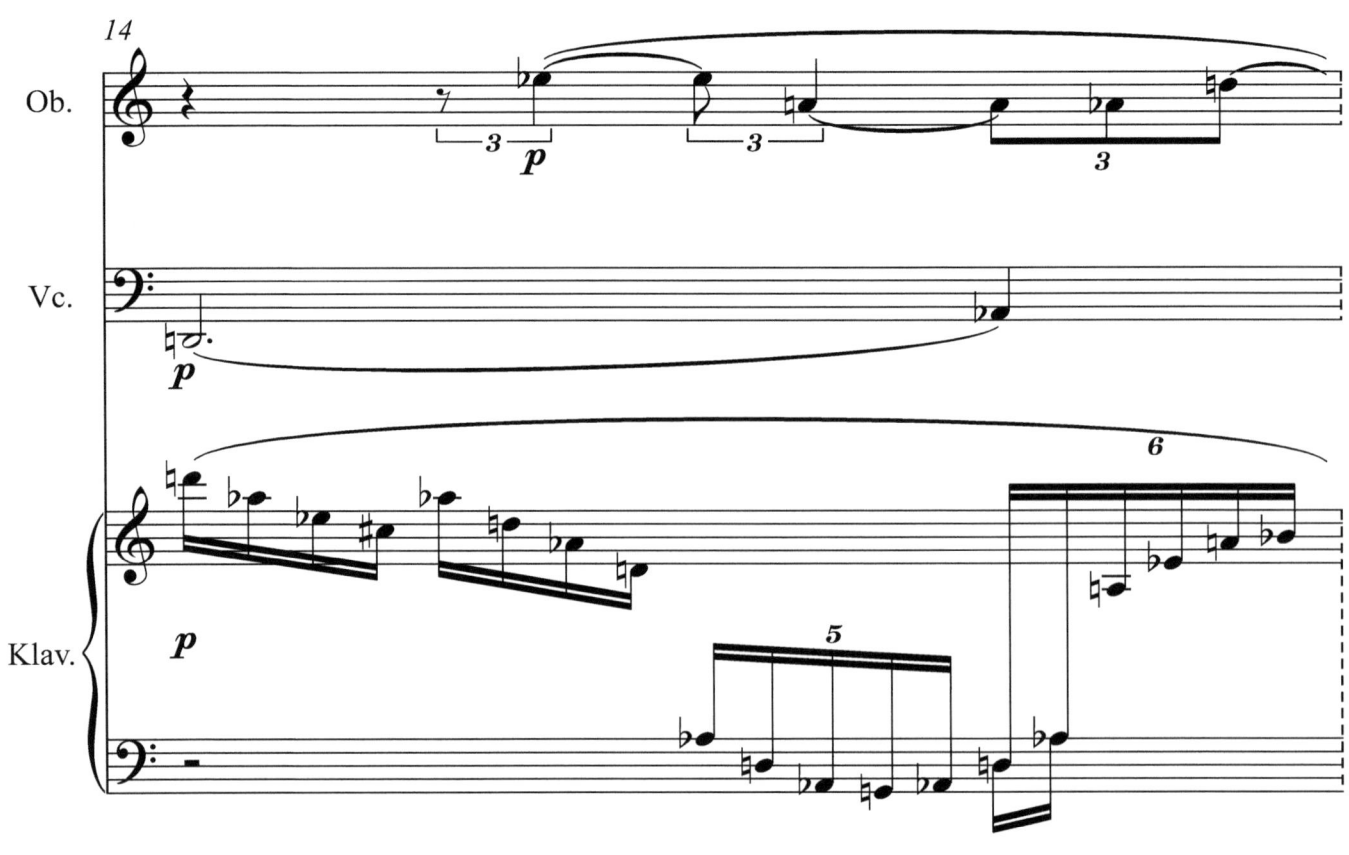

16
Ob.
f > pp
Vc.
p
8va
Klav.
f
pp

18
Vc.
8va
Klav.
pp
p
8vb

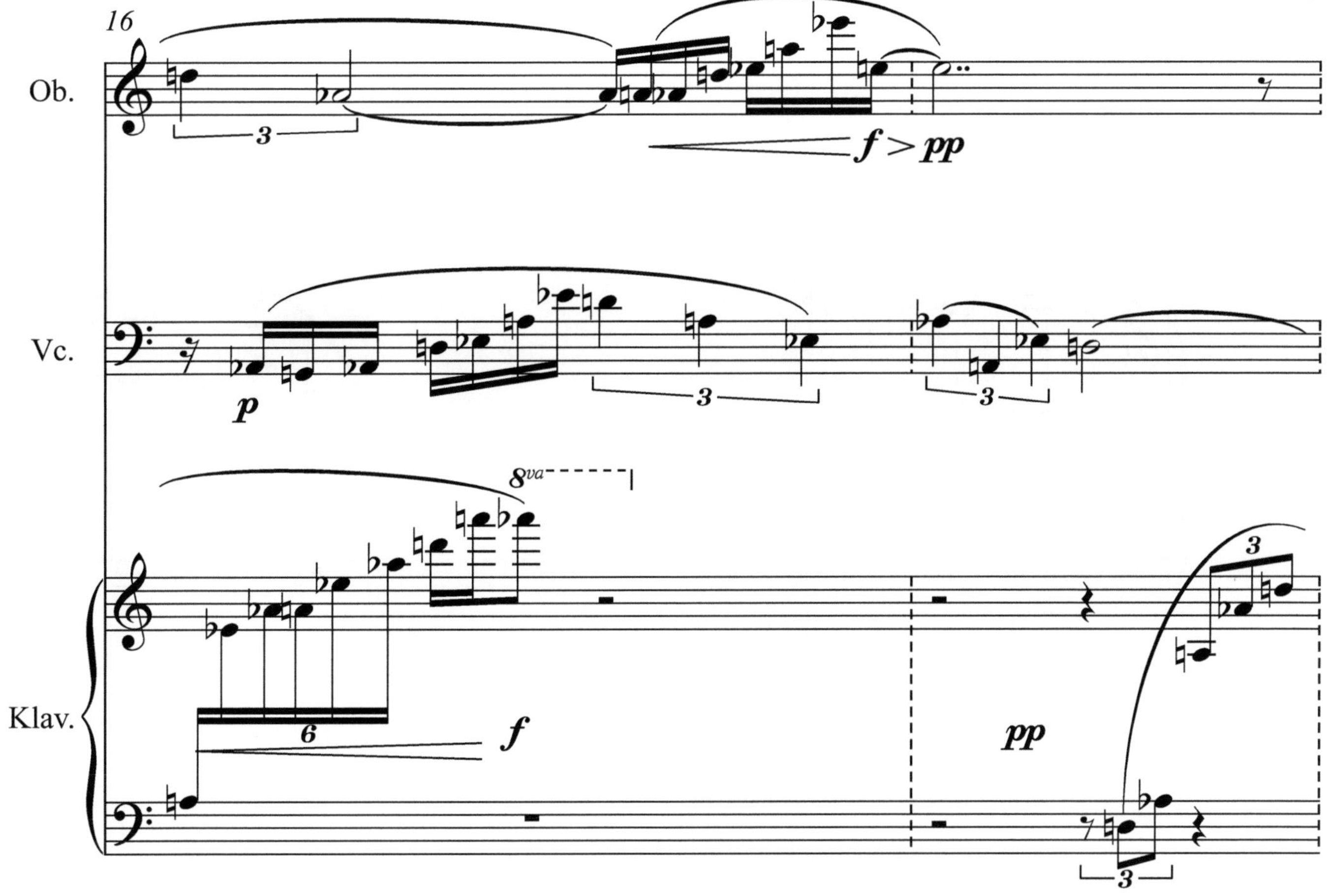

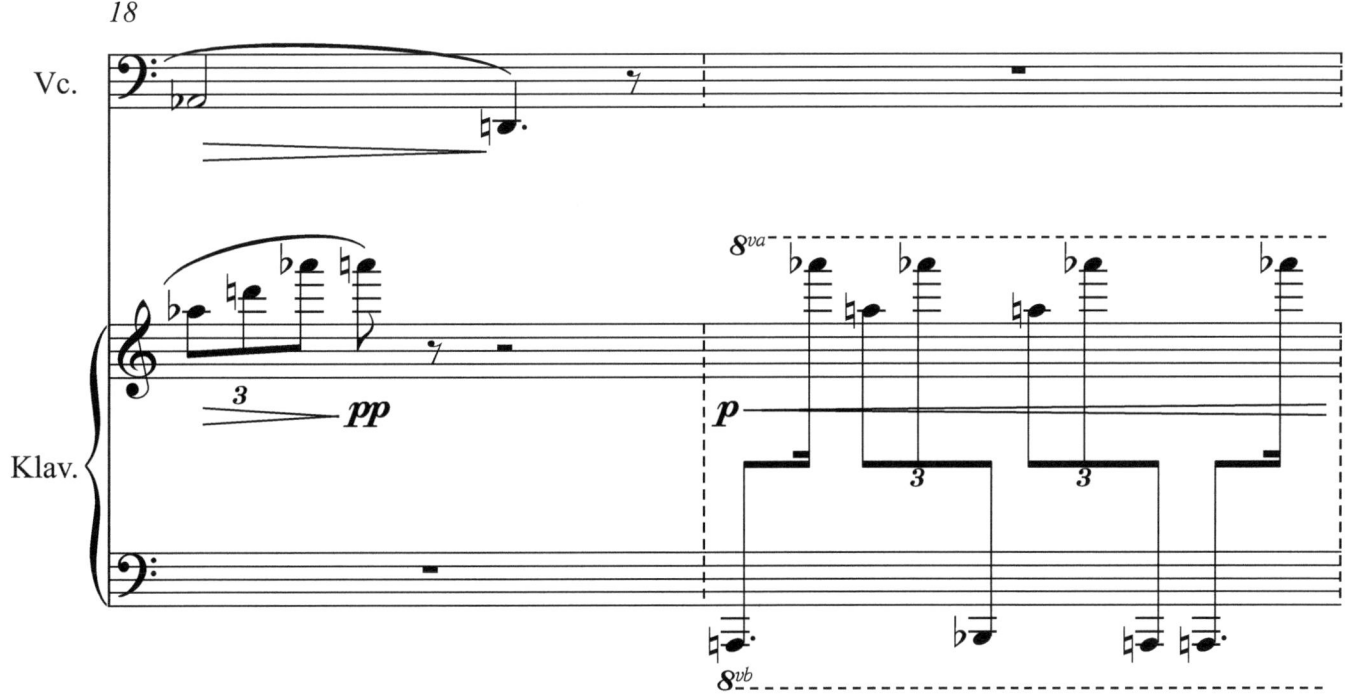

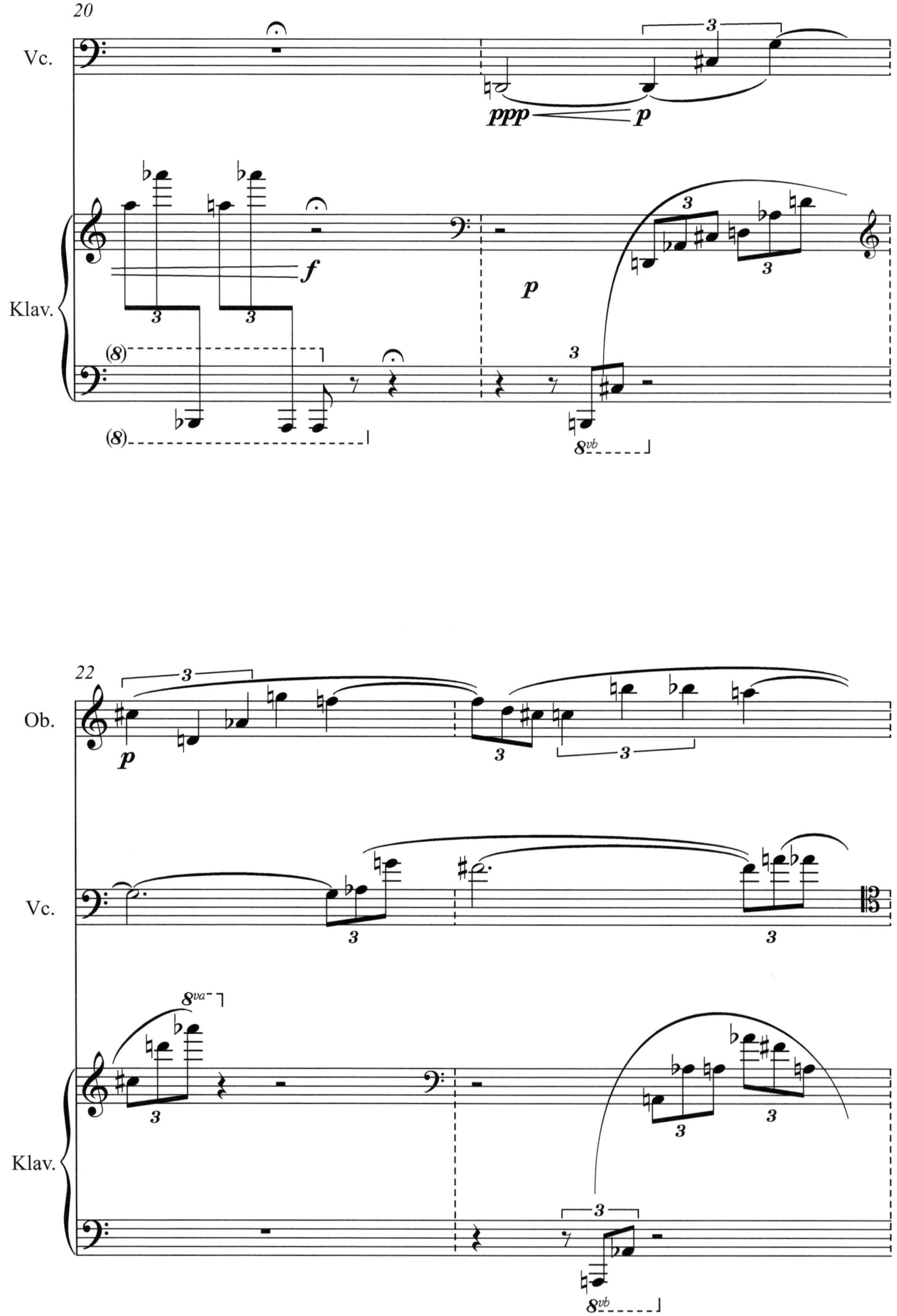
20
Vc.
ppp
p
Klav.
f
p
(8)
(8)
8vb
22
Ob.
p
Vc.
8va
Klav.
8vb

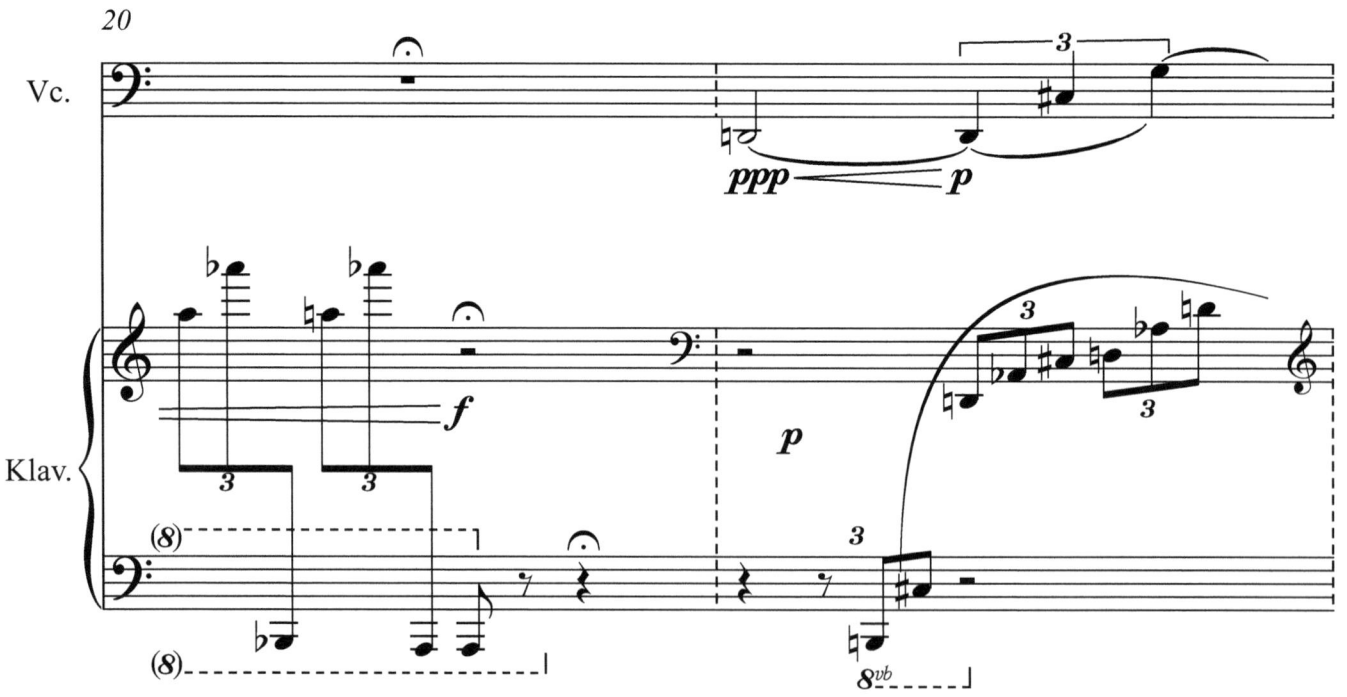

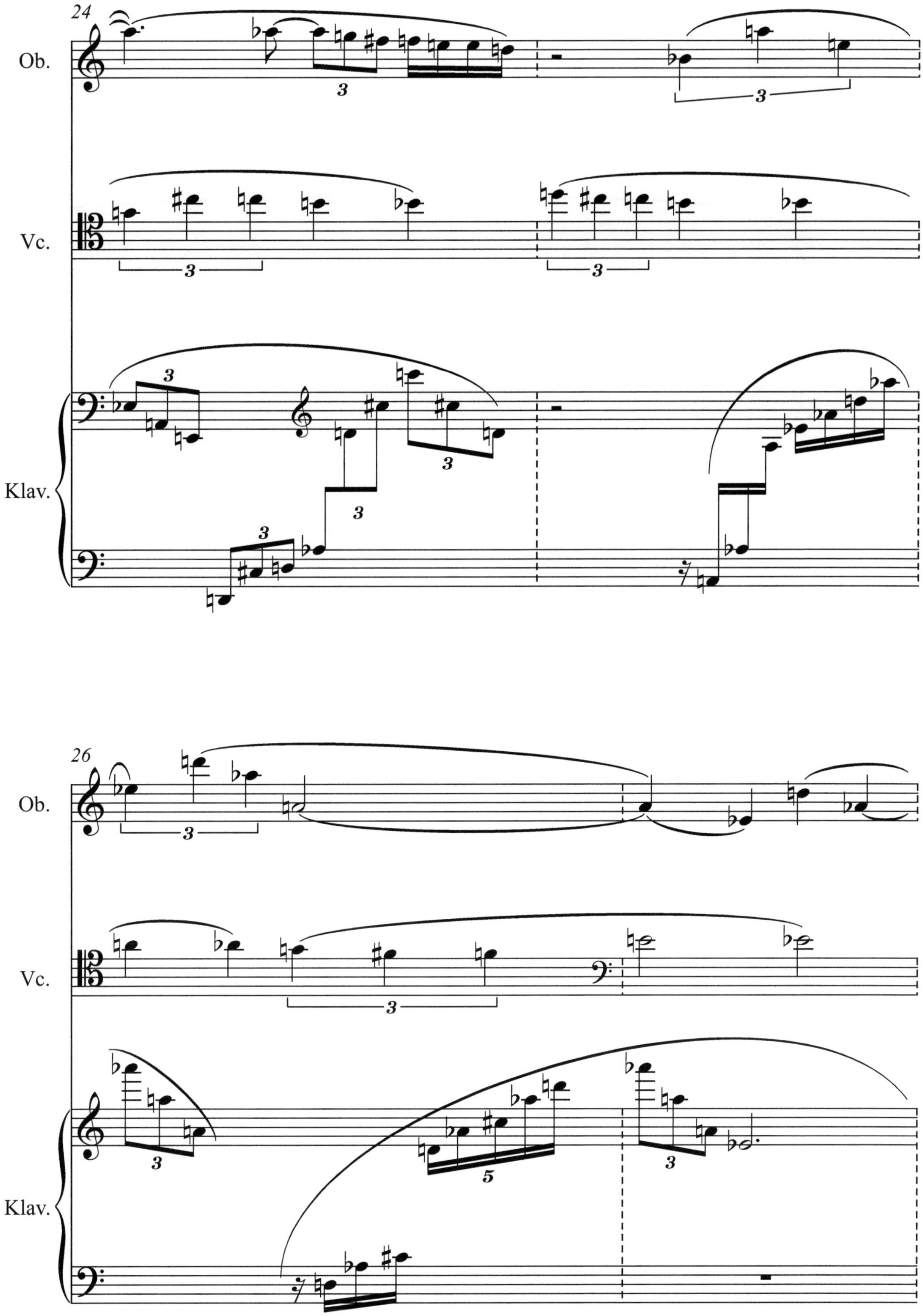
24
Ob.
Vc.
Klav.
26
Ob.
Vc.
Klav.

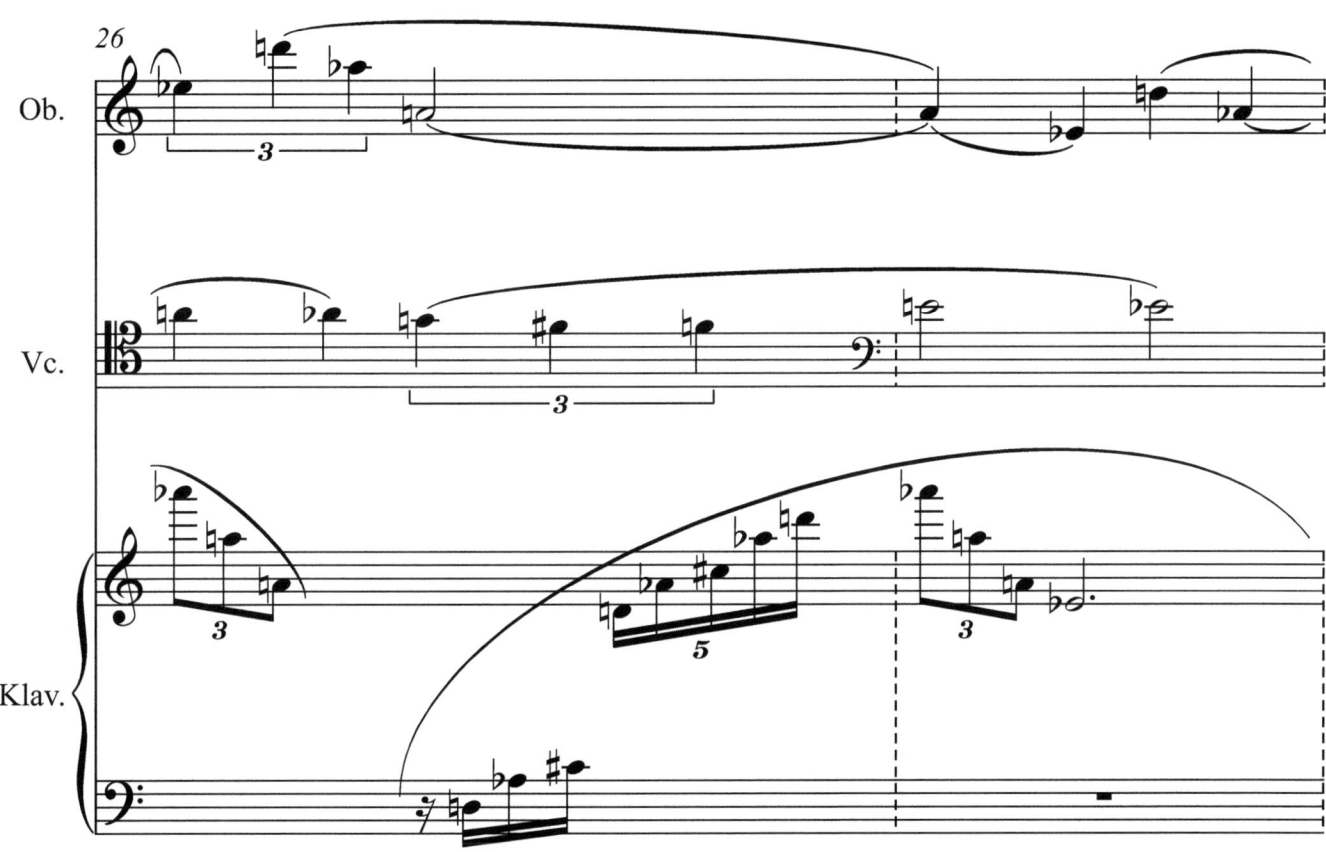

68

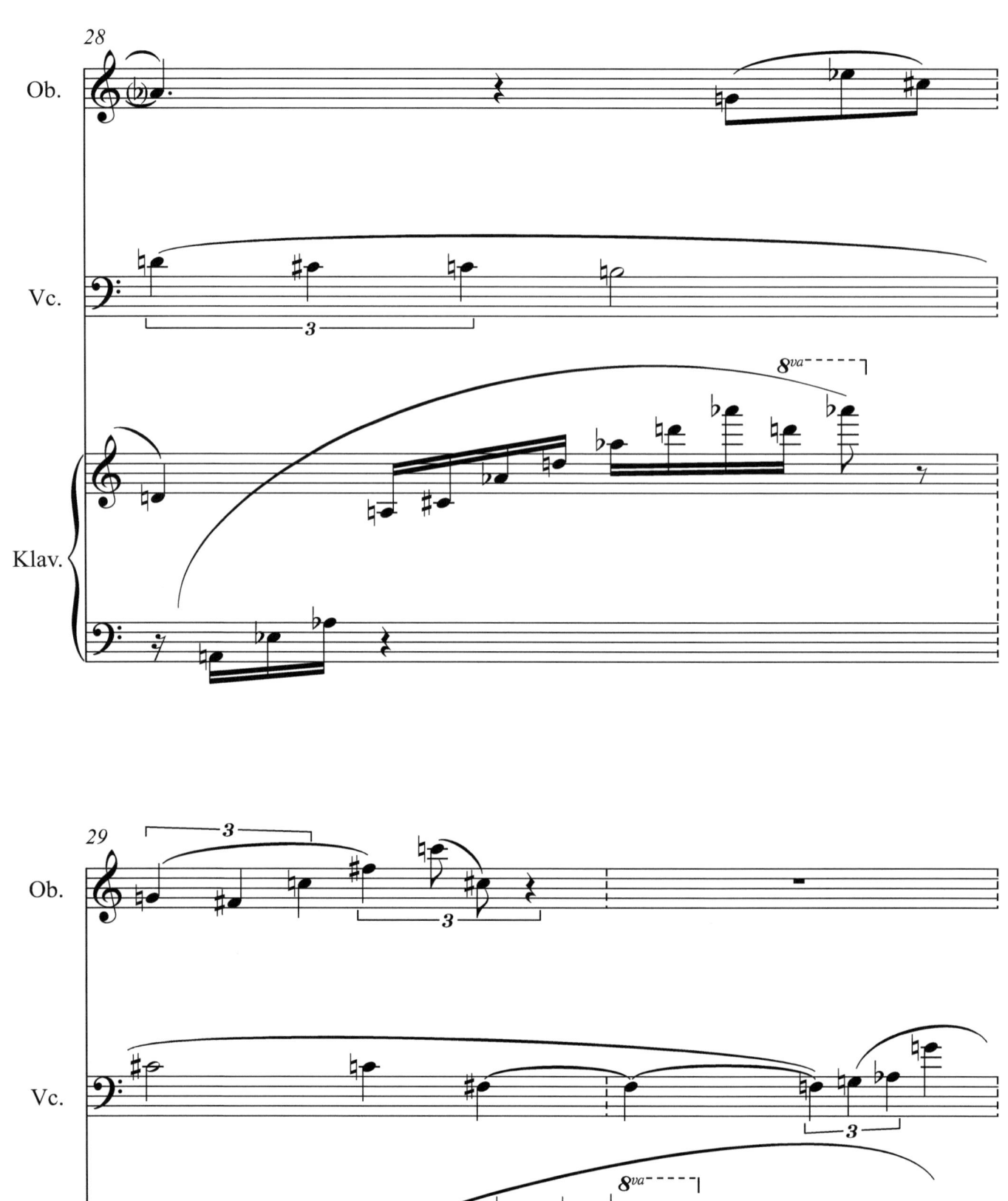

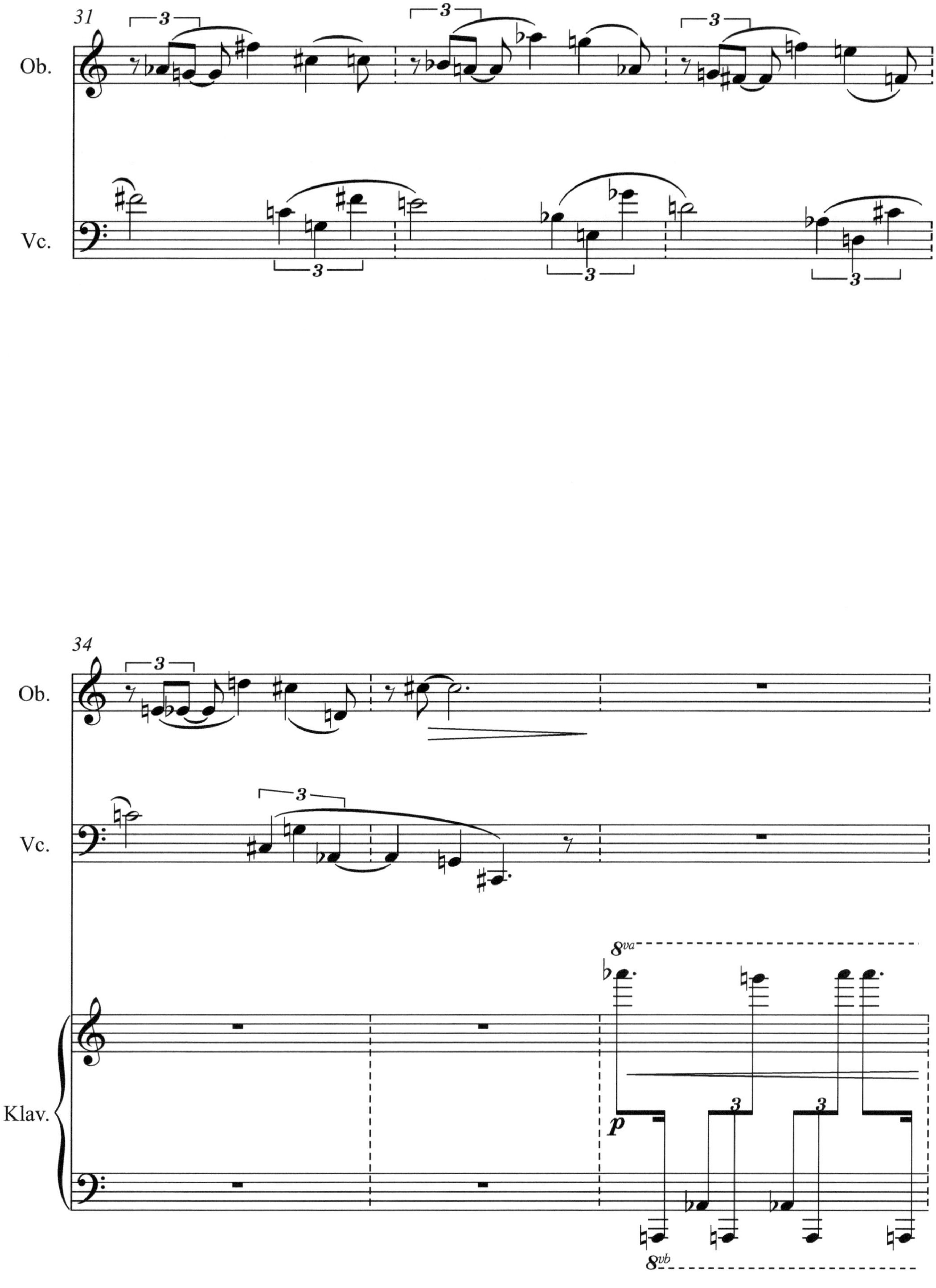
31
Ob.
Vc.
34
Ob.
Vc.
Klav.
8va
8vb
p

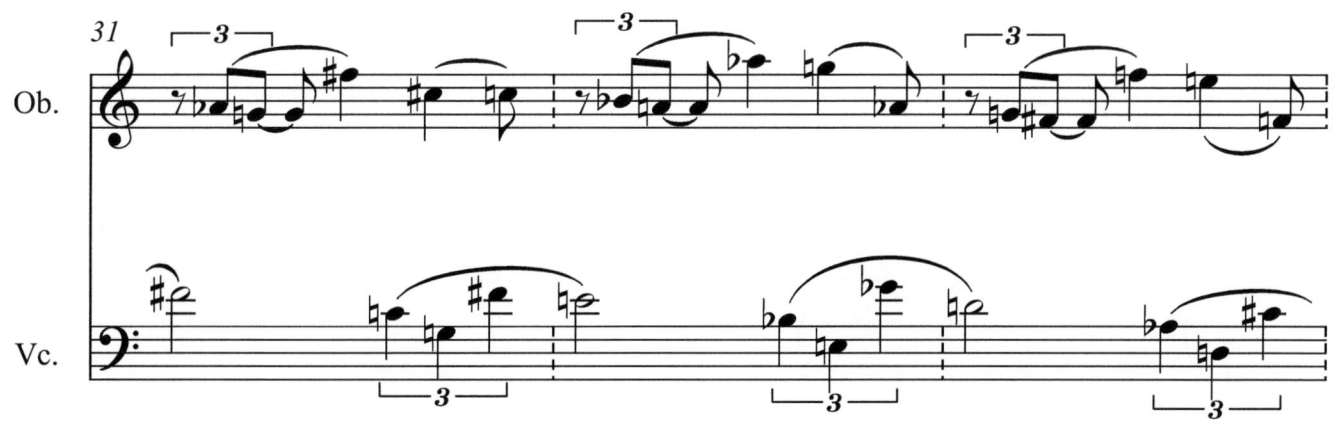

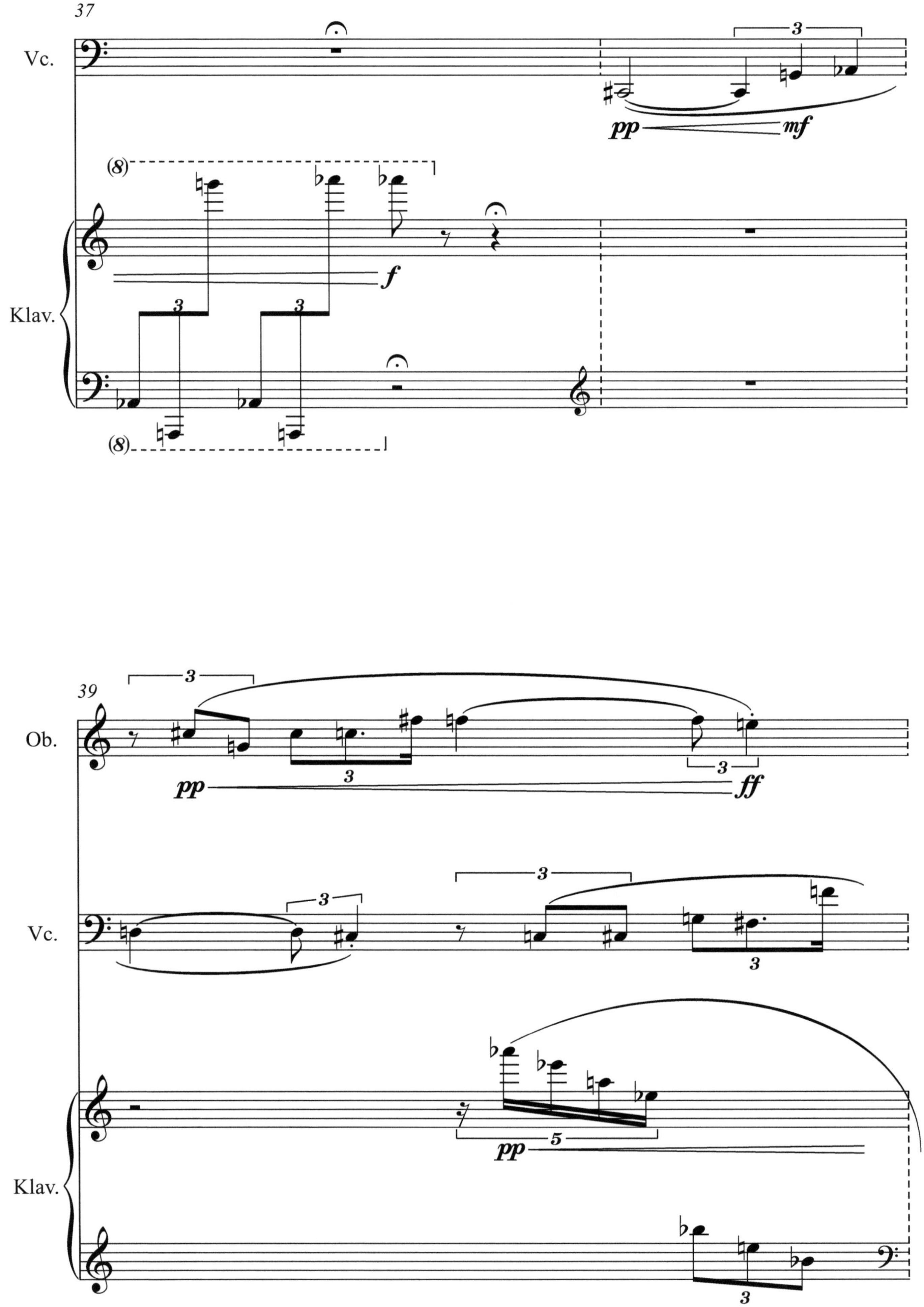
37
Vc.
pp
mf
(8)
f
Klav.
(8)
39
Ob.
pp
ff
Vc.
pp
Klav.

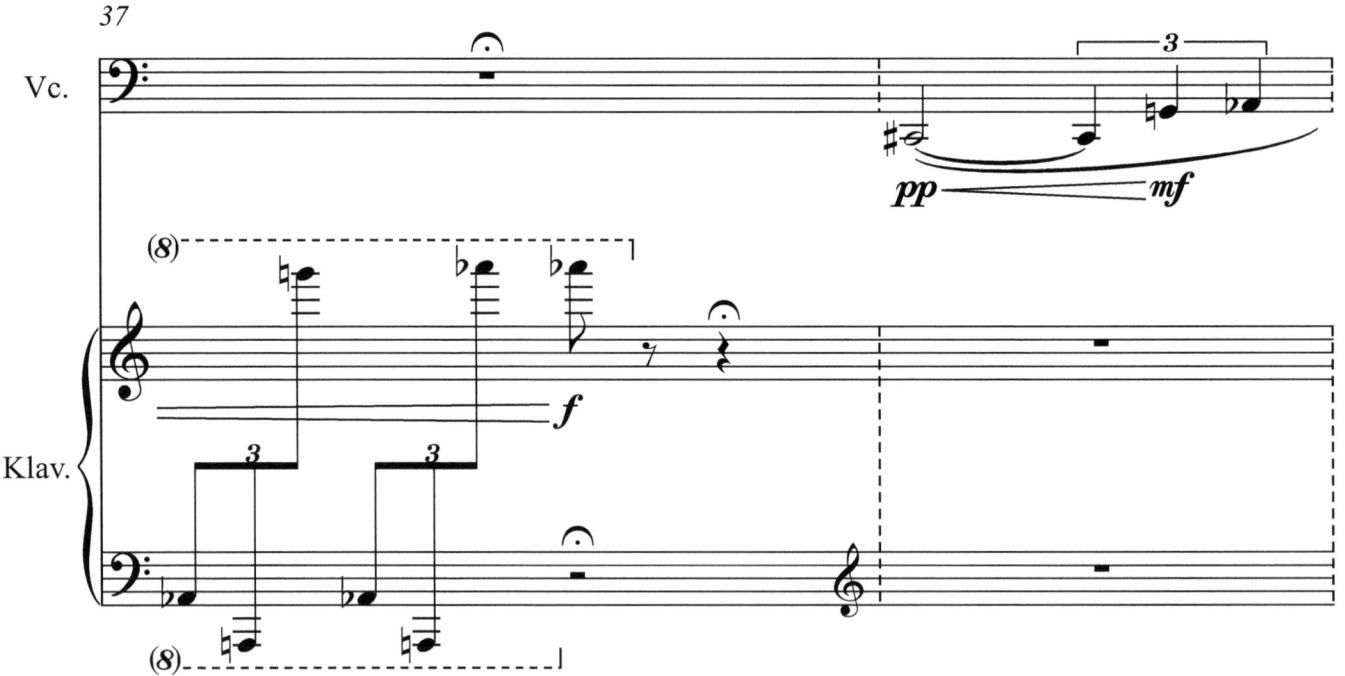

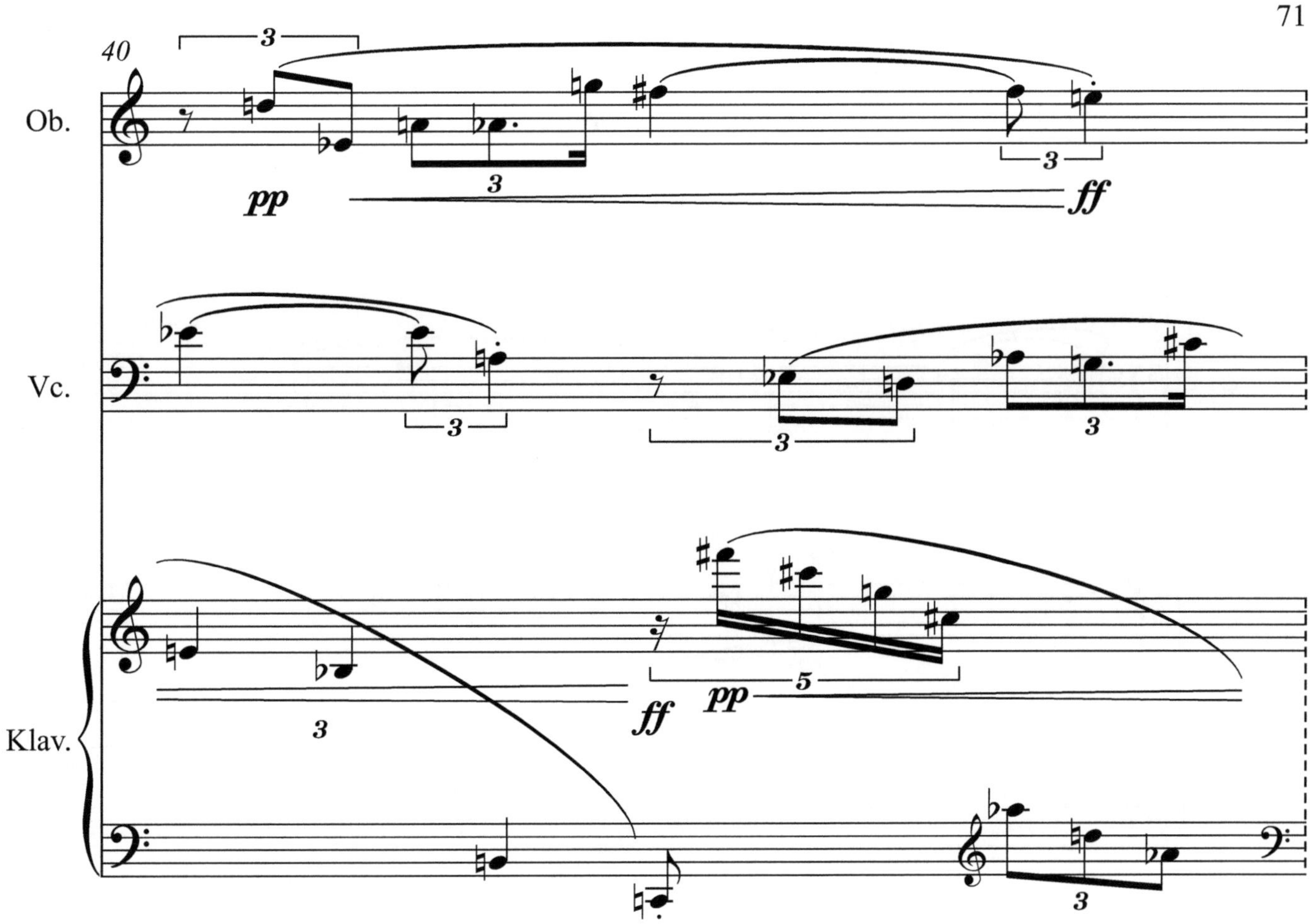
40
Ob.
pp
ff
Vc.
Klav.
ff
pp

41
Ob.
pp
ff
Vc.
Klav.
pp
ff

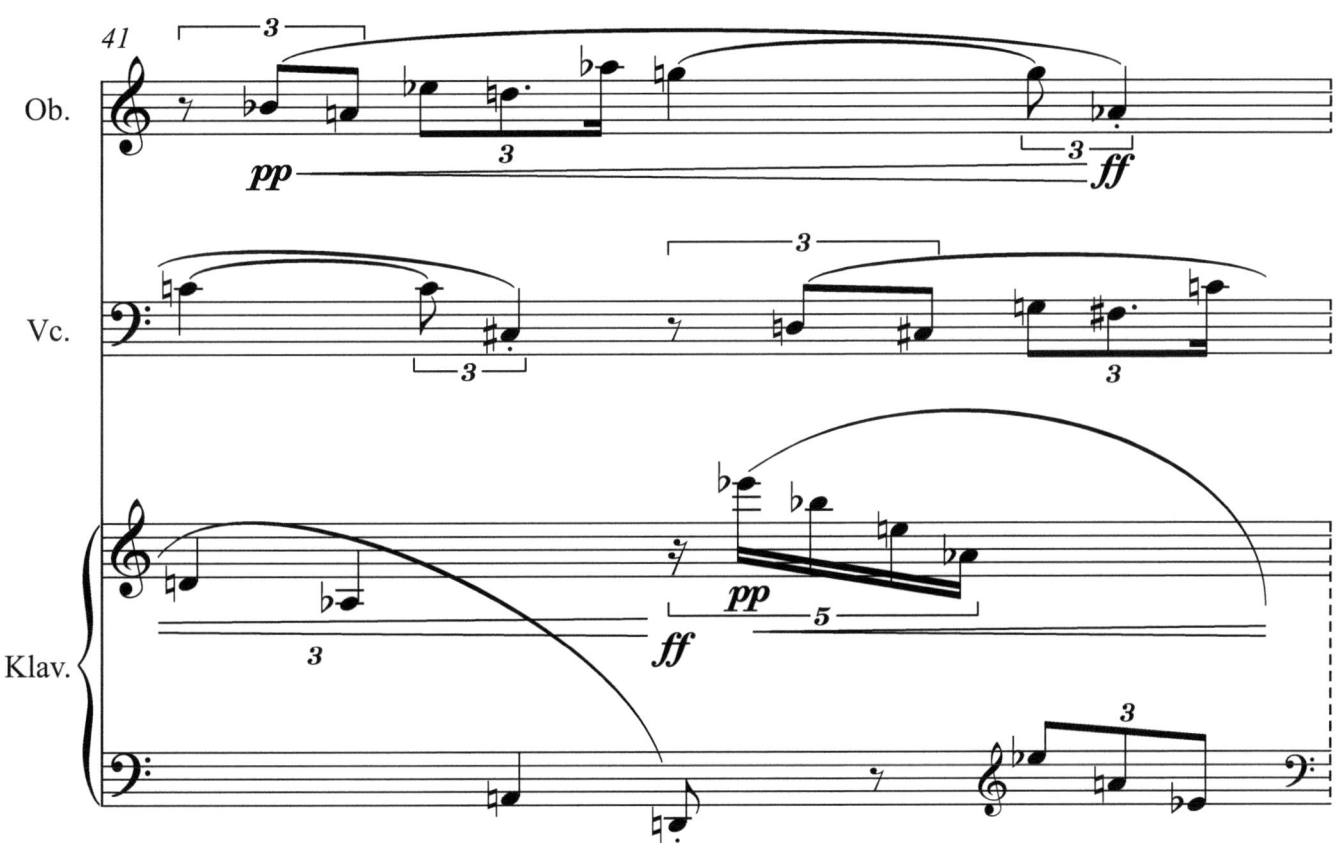

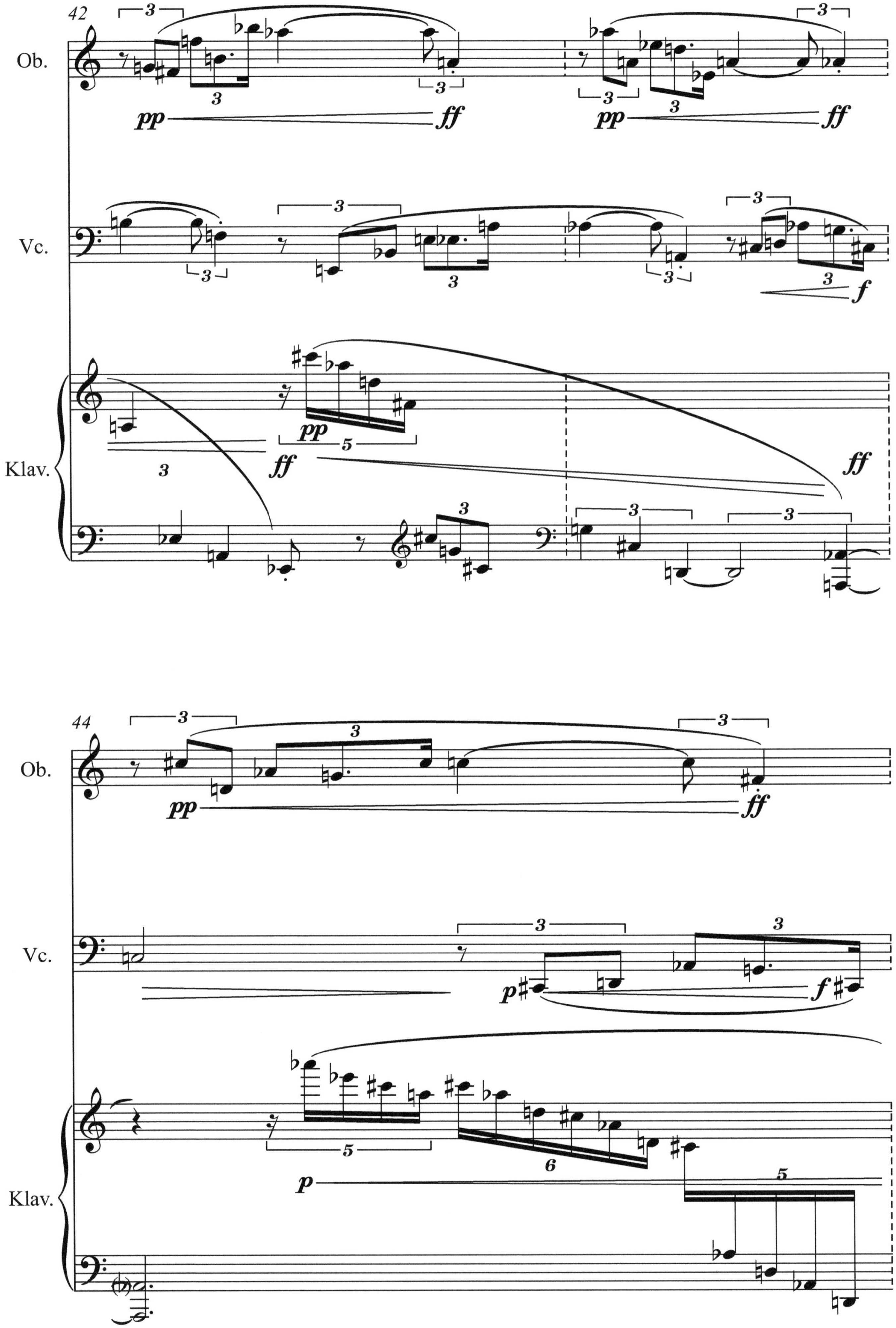
42
Ob.
pp
ff
pp
ff
Vc.
f
Klav.
pp
ff
ff
44
Ob.
pp
ff
Vc.
p
f
Klav.
p

45
Ob.
p
f
Vc.
pp
8va
Klav.
f
46
Ob.
p
f
pp
Vc.
ff
pp
Klav.

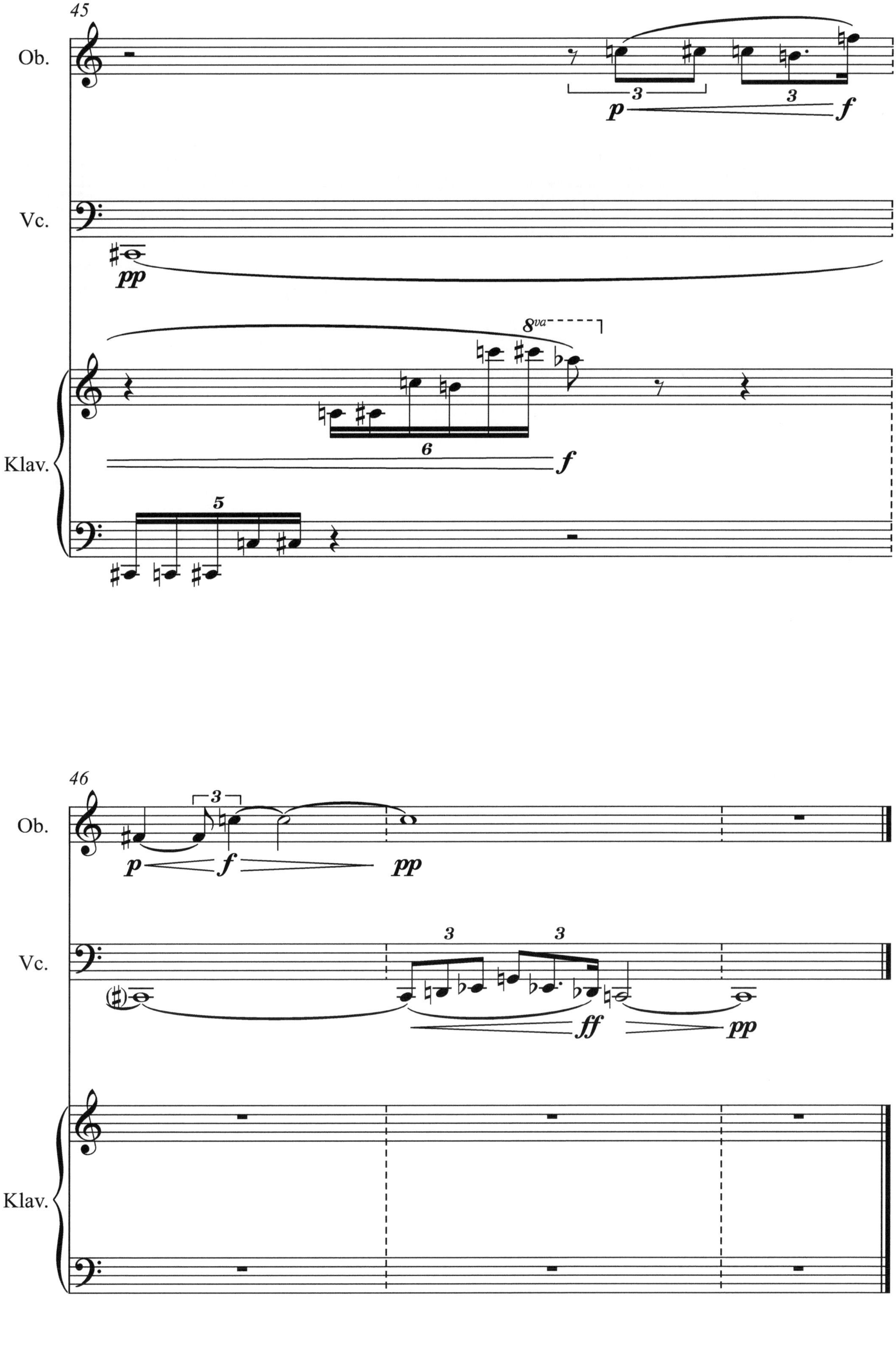

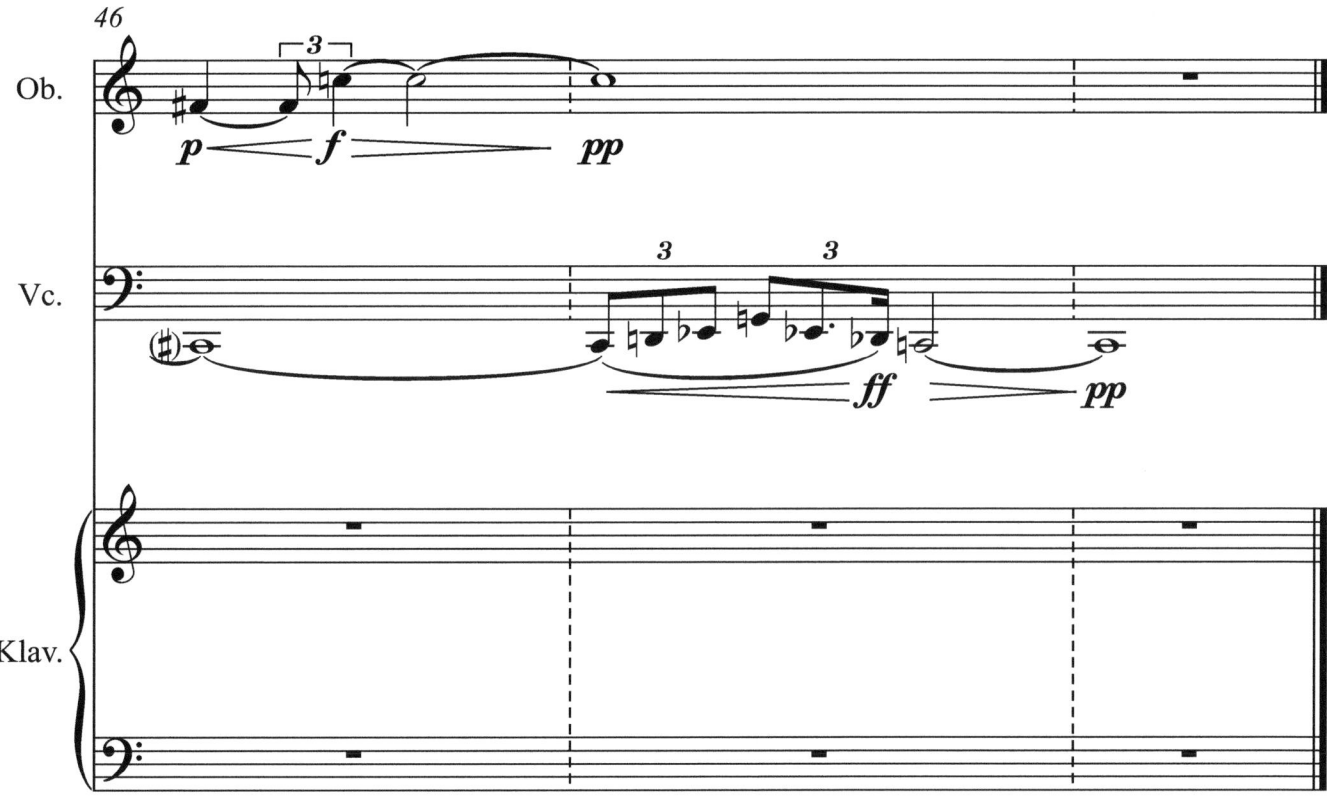

74

III. Vivace

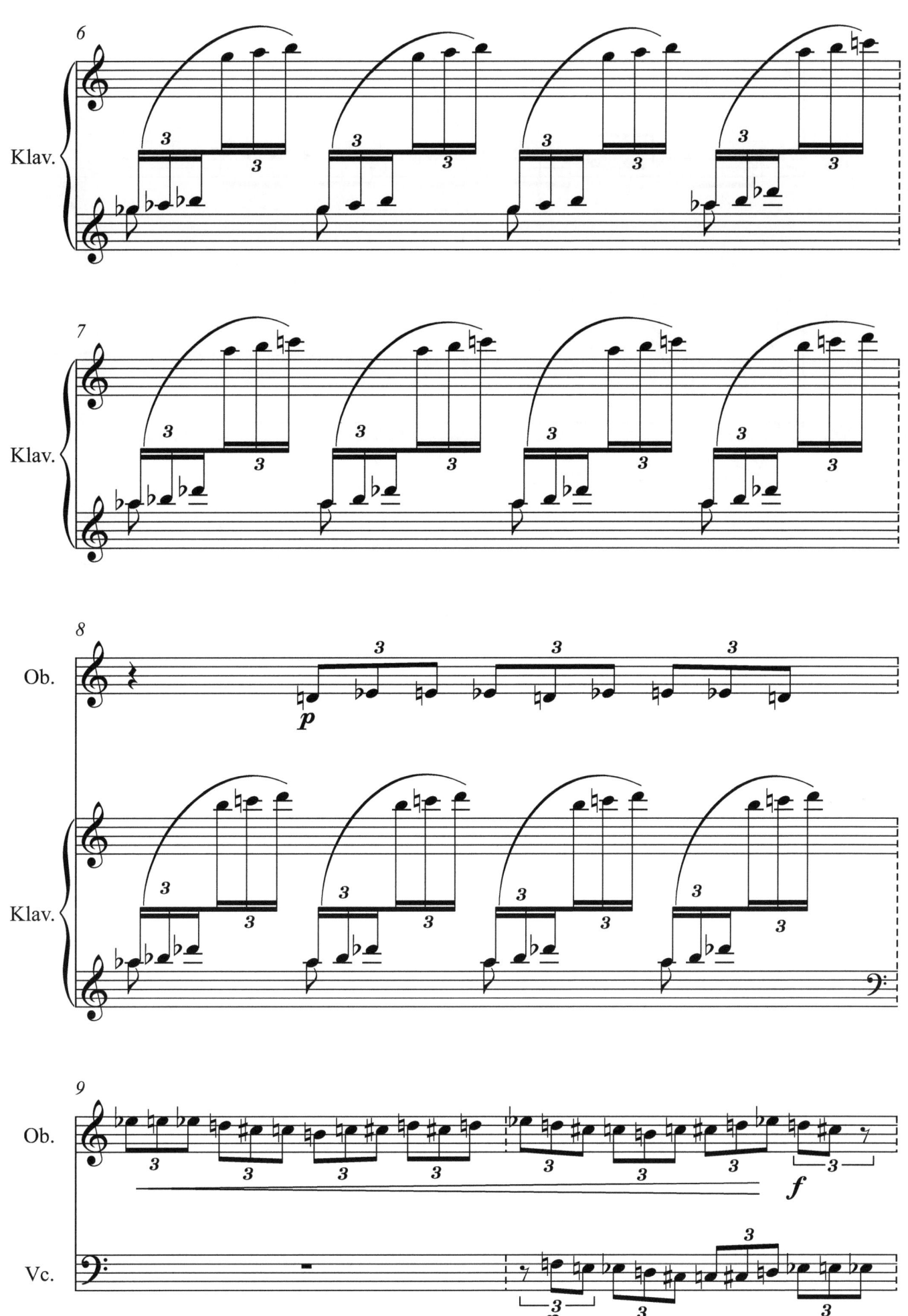

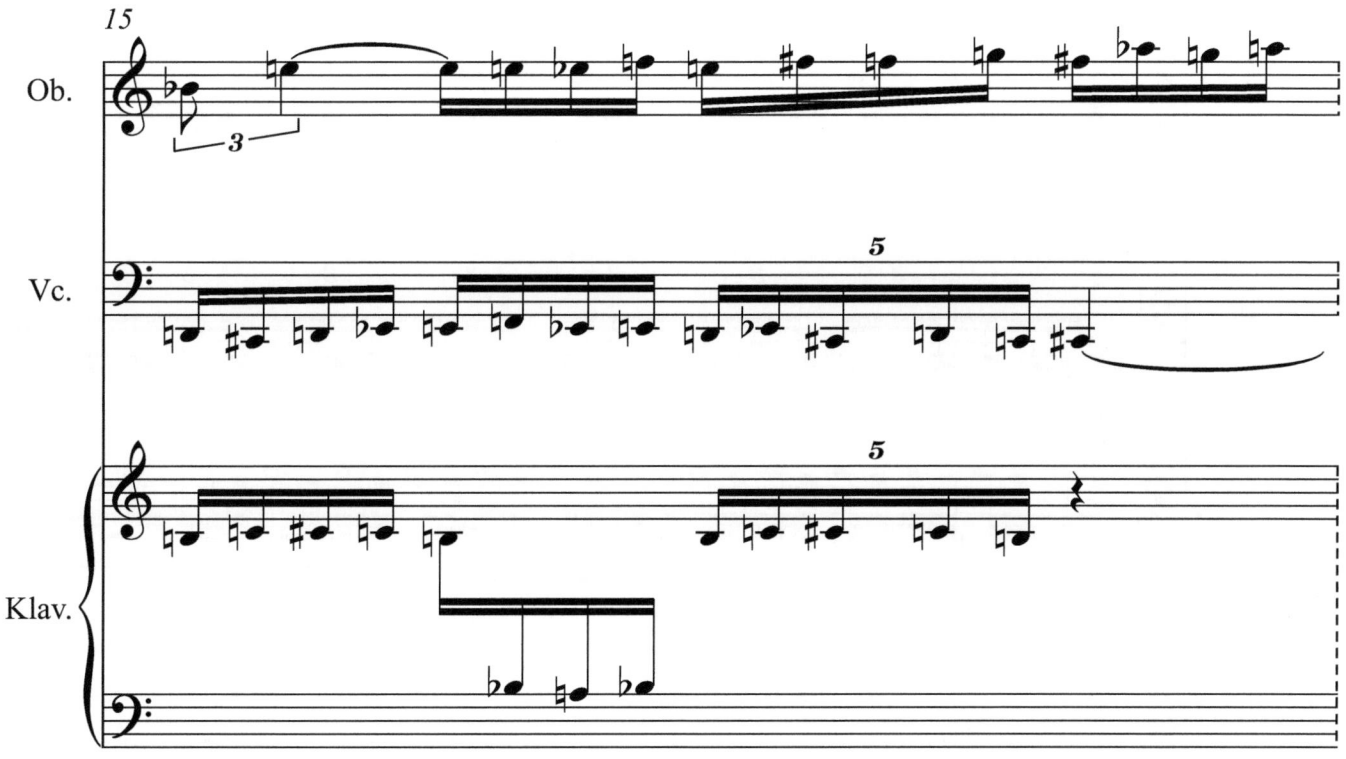

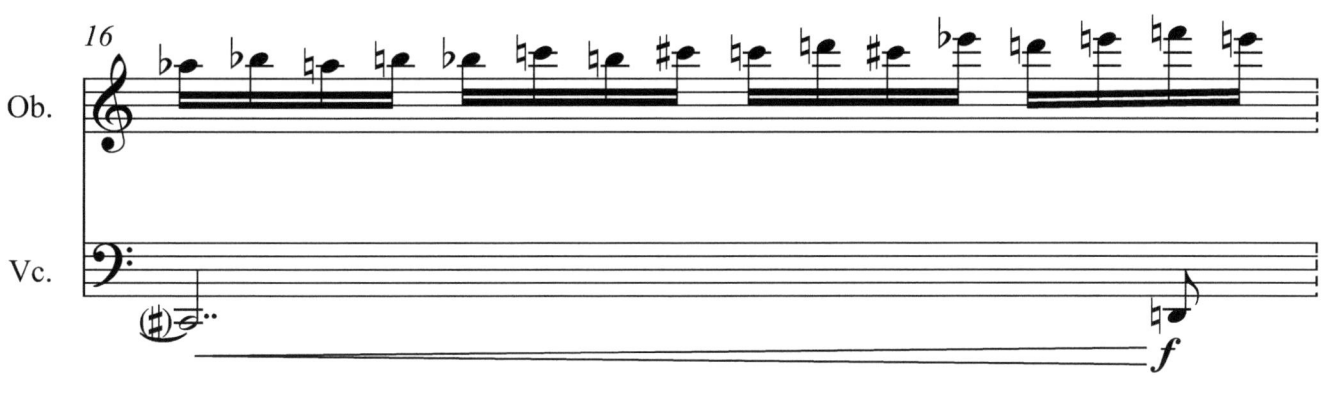

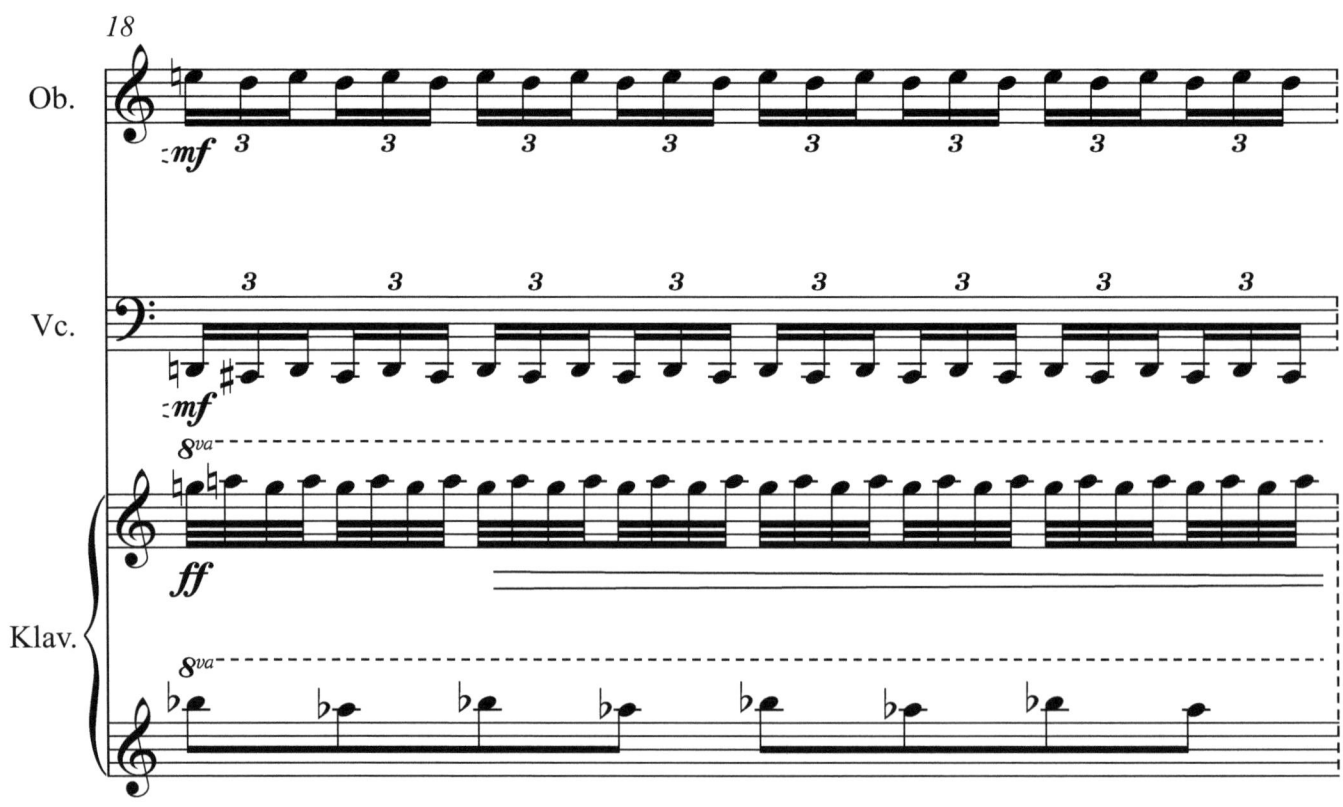

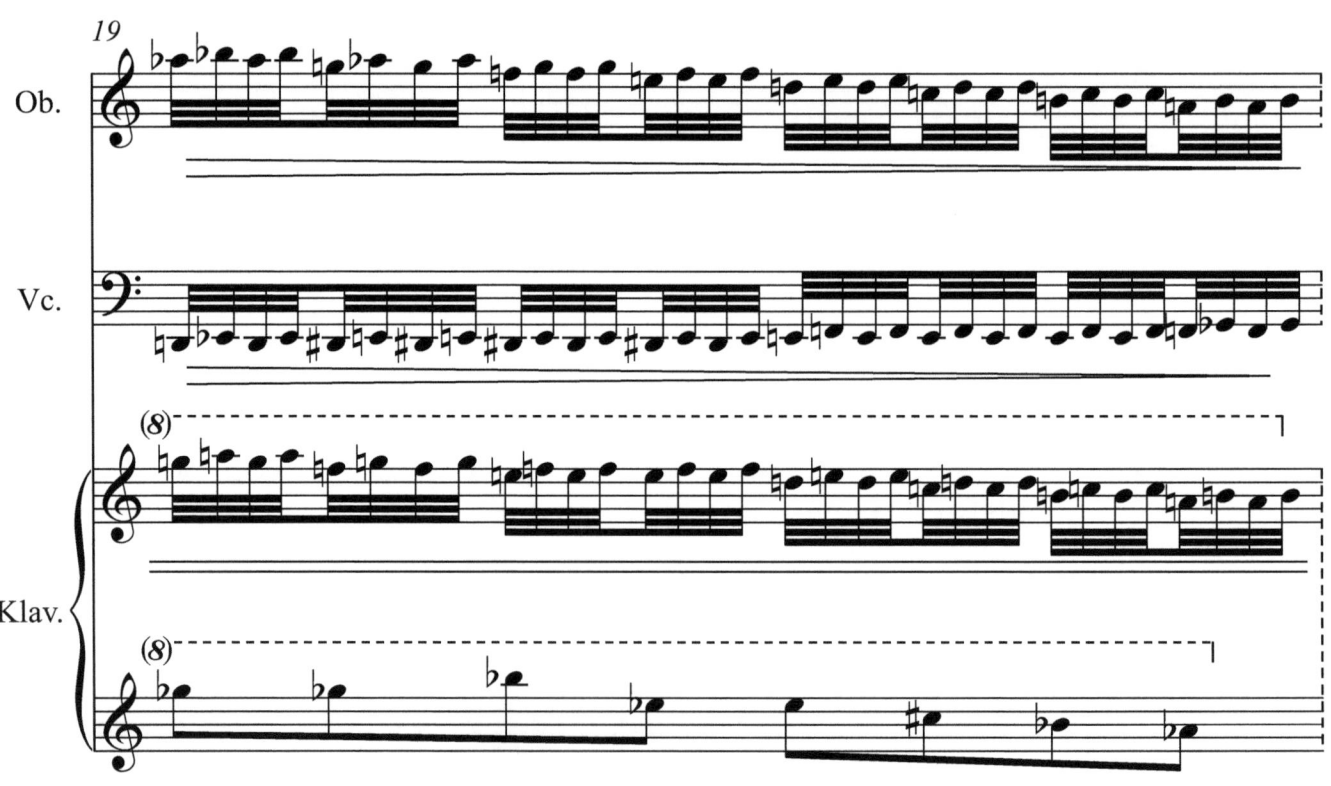

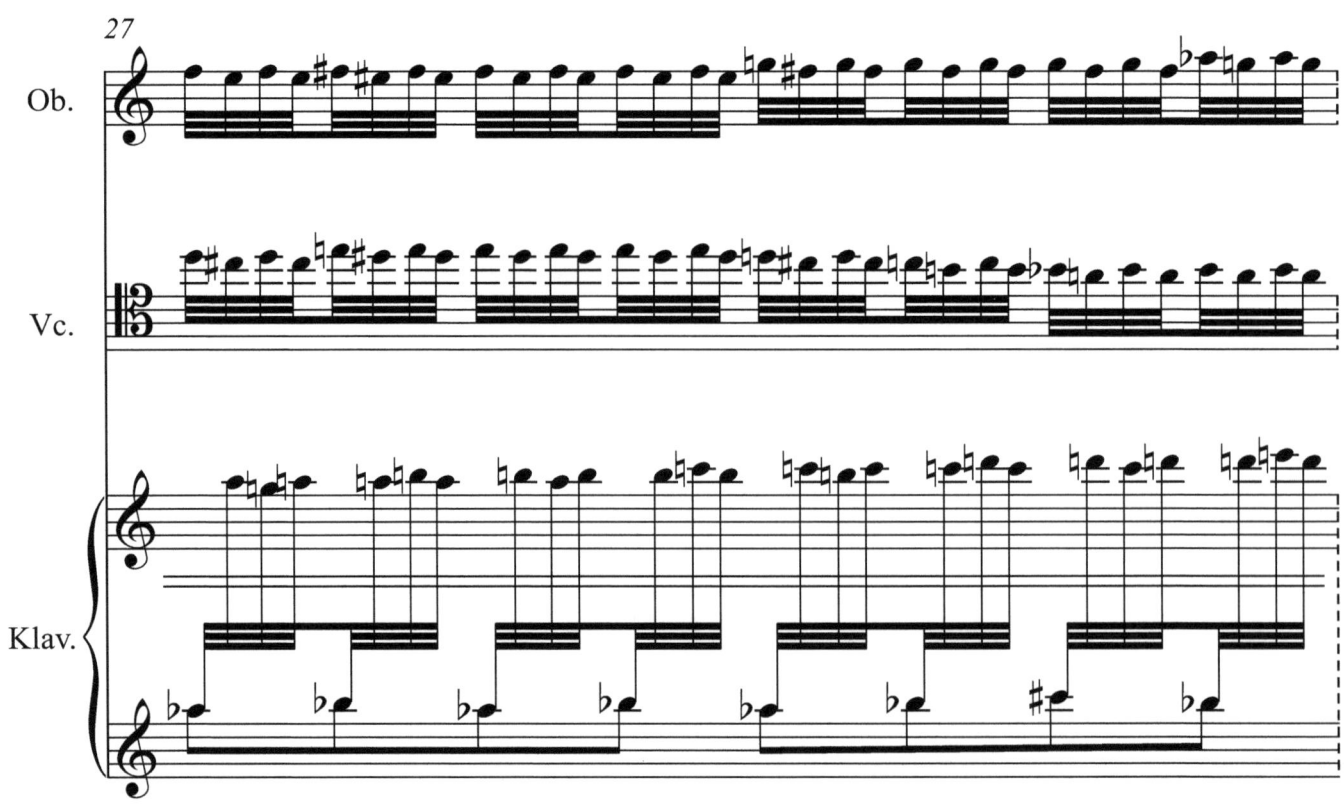

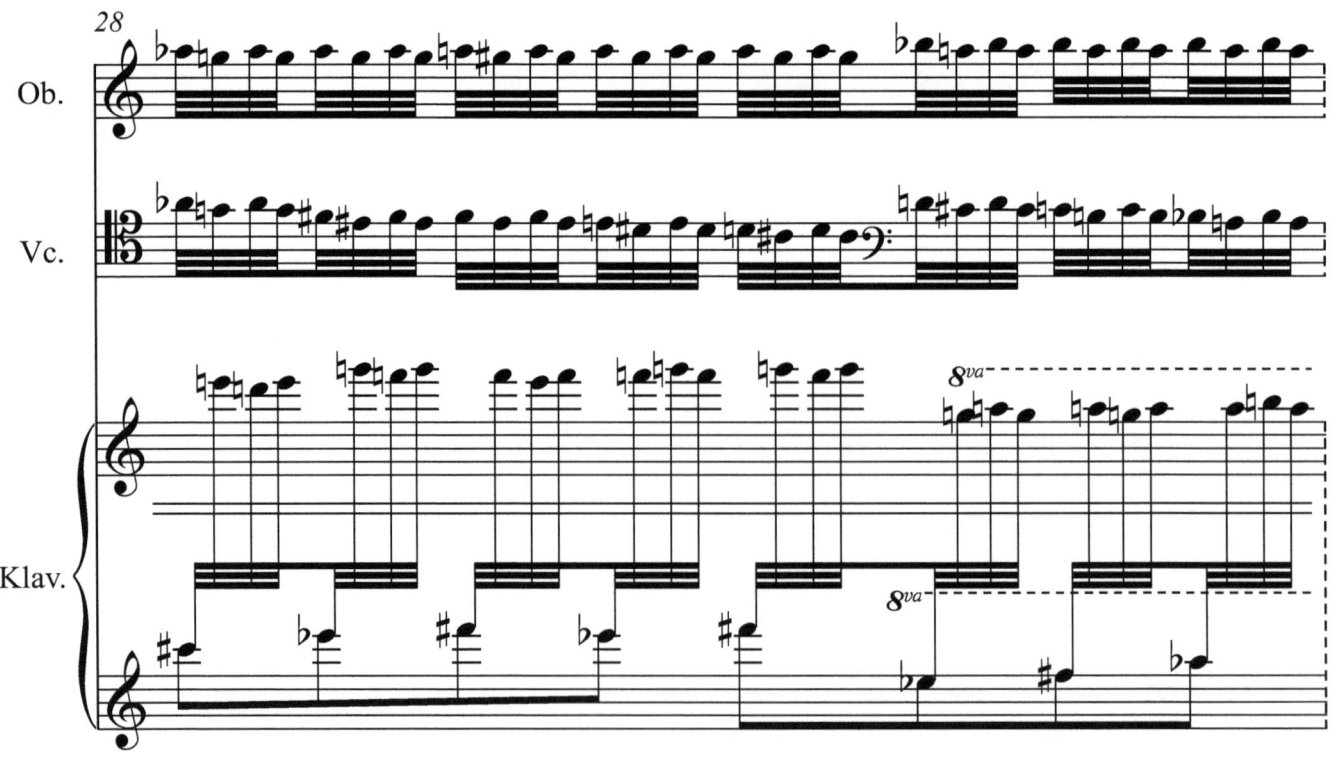

29
Ob.
Vc.
(8)
Klav.
(8)

30
Ob.
ff
Vc.
ff
(8)
fff
Klav.
(8)

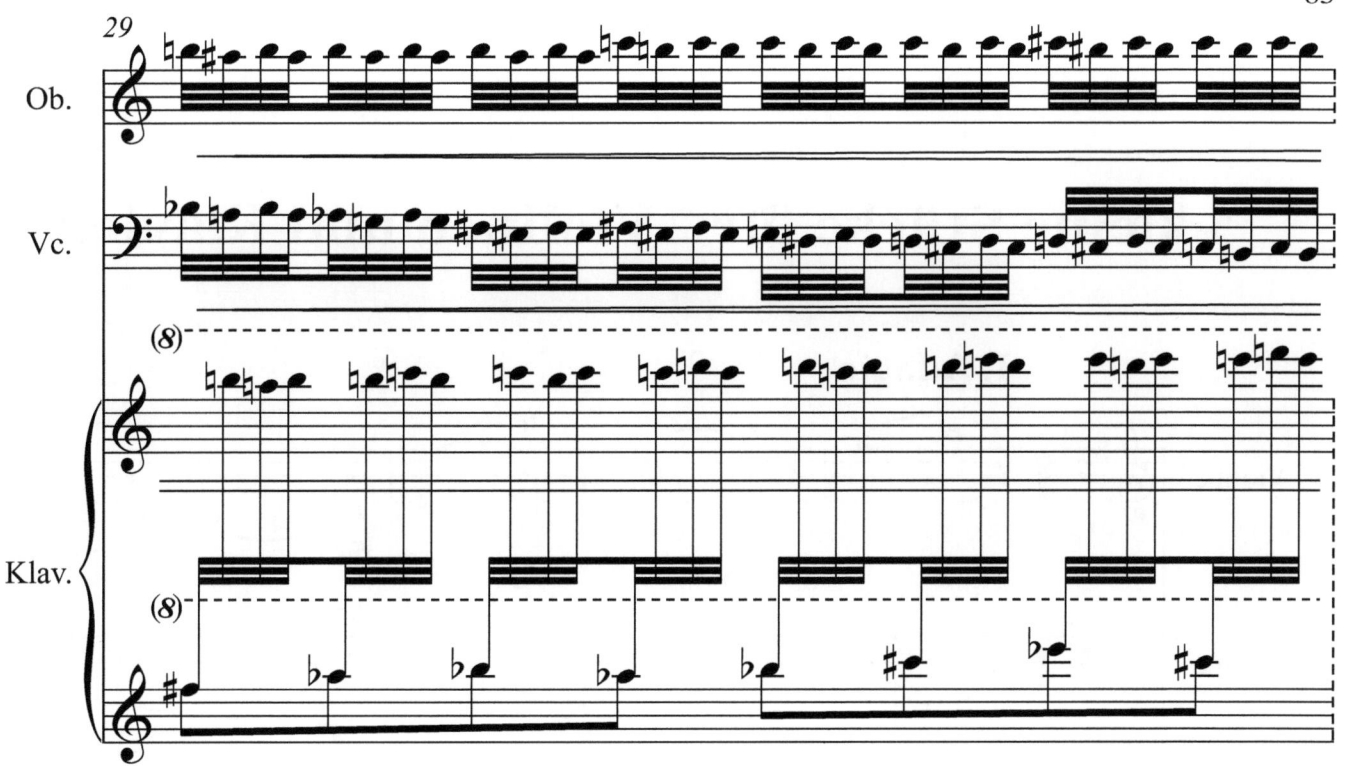

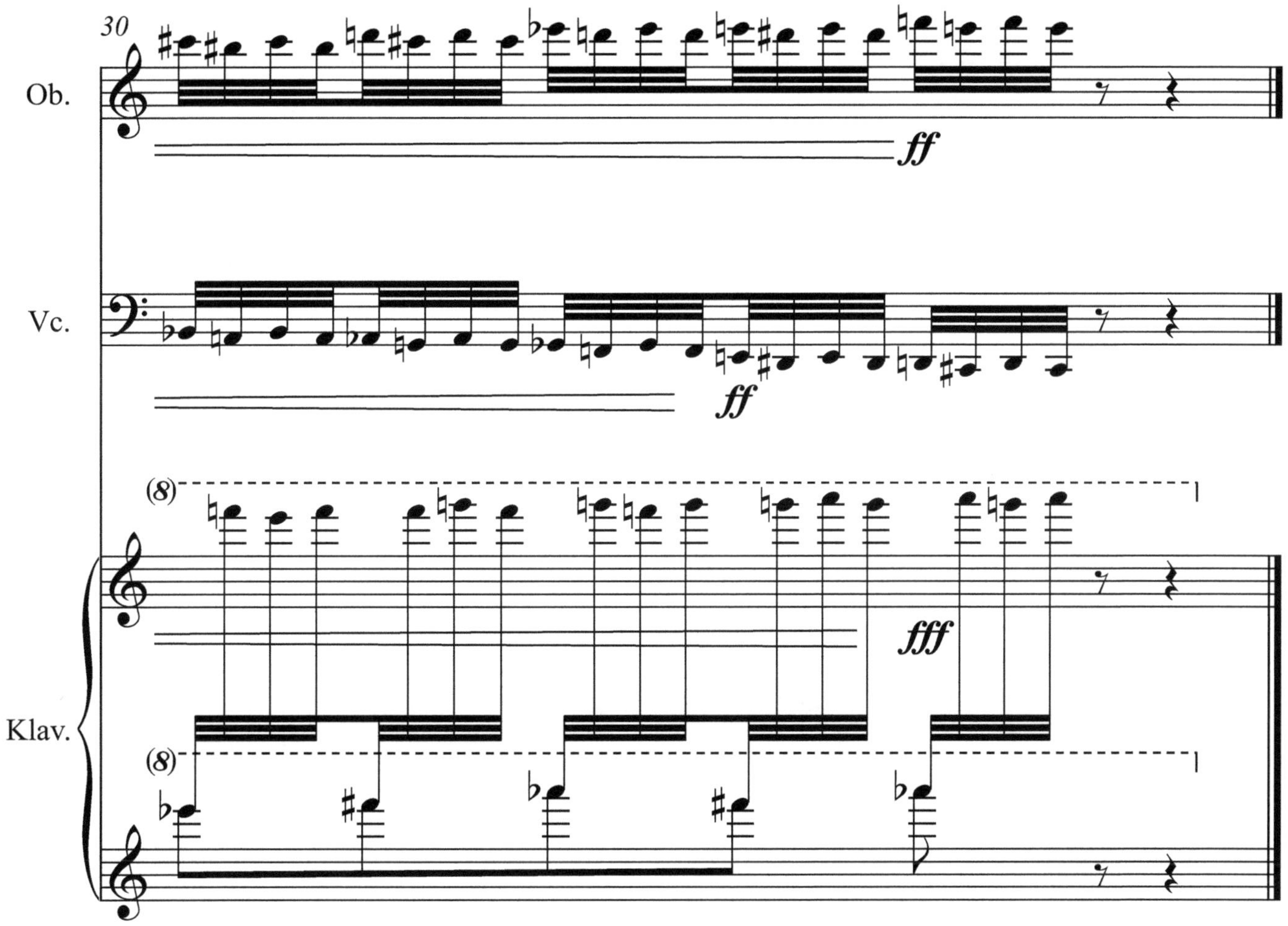

5 kleine Stücke für 2 Violinen und Klavier

88

II. Moderato

III. Allegretto

94

IV. Lento

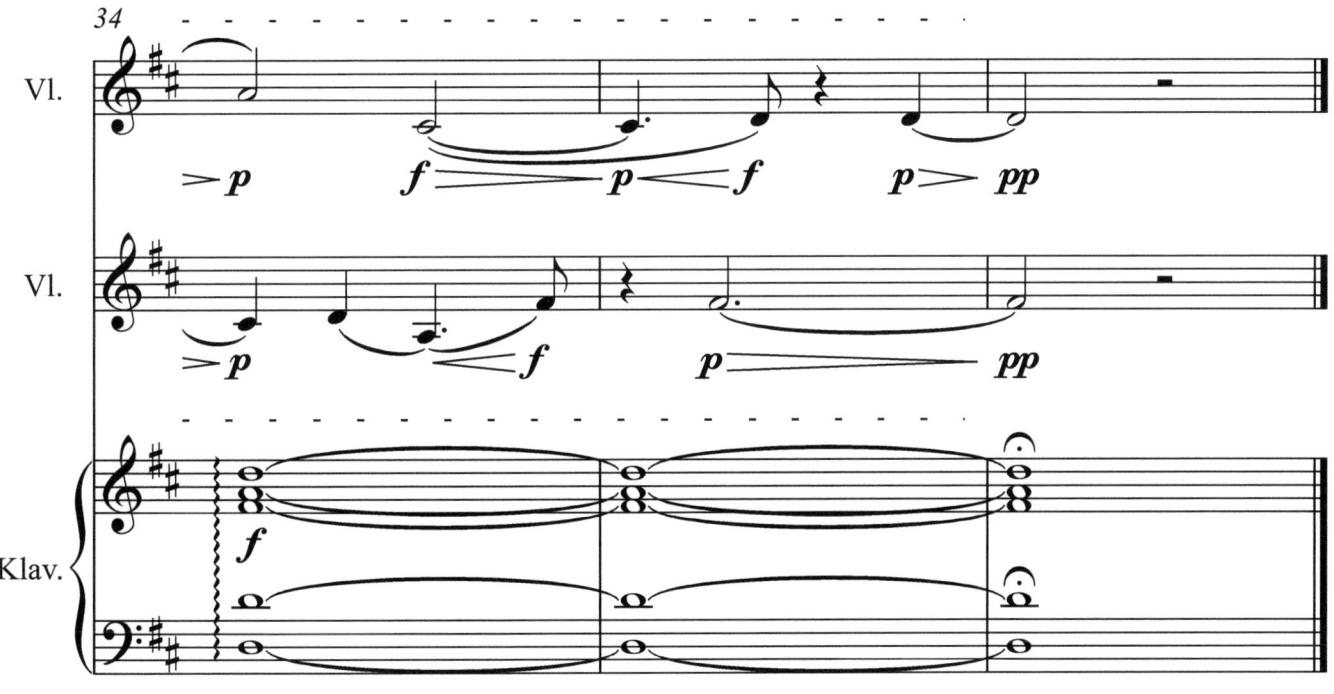

98

V. Andante poco maestoso

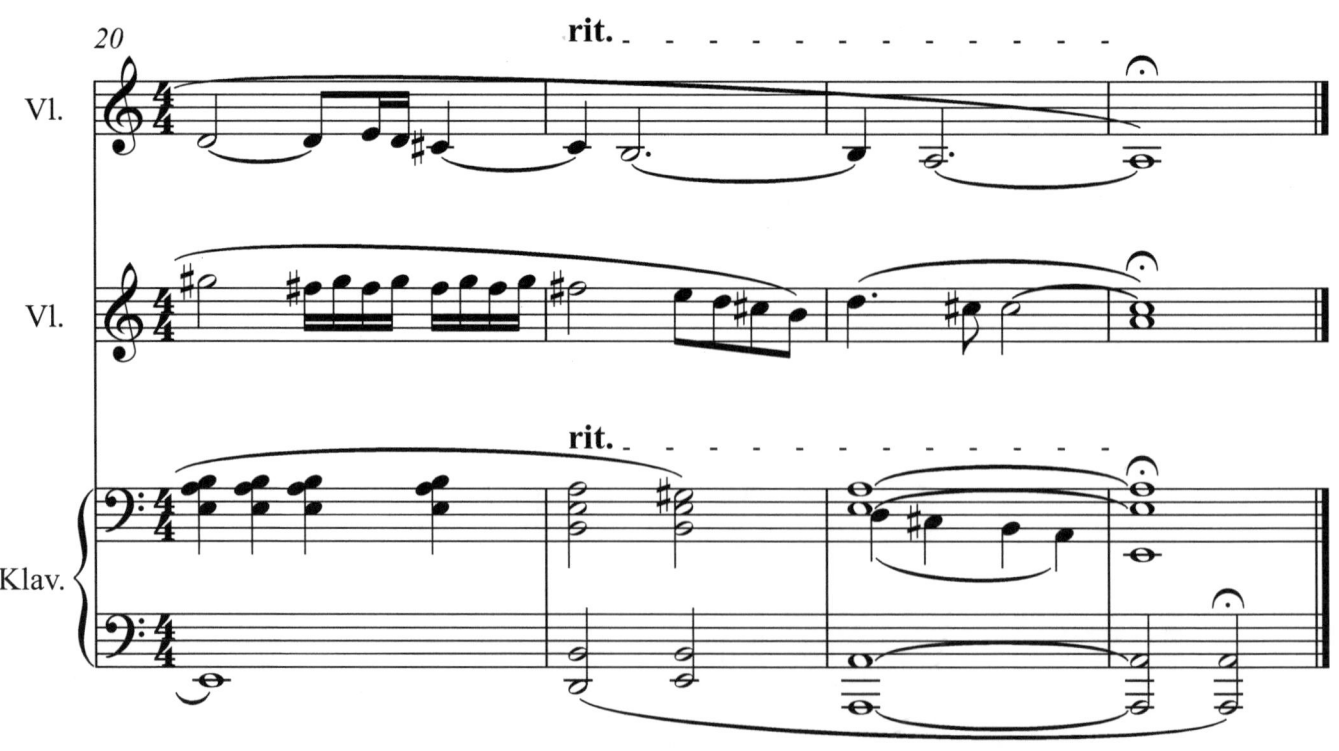